MZ세대 트렌드 코드

MZ세대 트렌드 코드

00년생이 온다! 90년생부터 따라잡아라!

고광열 지음

밀리언서재
Million Publisher

90년생, 우리는 누구인가?

다른 세대가 우리 세대를 사회 문화 경제적 측면에서 분석하는 글을 읽는 것은 흥미로운 일이다. 90년생에 대한 책들이 나오면서 기성세대의 시선으로는 우리와 같은 90년생들이 어떻게 보이는지 알게 되었다. 대체로 내 얘기이거나 친구들의 성향이라고 할 수 있었다. 이 정도로 정확하게 정리하고 분석하려면 상당한 자료와 연구가 뒷받침되었을 것이다. 하지만 학술적으로만 접근하다 보니 평균적인 90년생이 공감하지 못하는 부분도 있다.

　예를 들어 "요즘에는 모바일 청첩장만을 이용한다", "구독경제가 활성화되면서 셰어하우스가 뜨고 있다" 같은 말들이다. 실제로는 대부분의 90년생들이 여전히 종이 청첩장을 한 명씩 만나서 돌린다. 셰어하우스는 돈을 아끼기 위해 선택할 뿐 그 안에서 교류는 거의 없다. 학교 기숙사도 다인실을 꺼리는데 처음 보는 사람과 한 공간에서 생활하고 싶을 리 없다. 이처럼 해당 세대의 입장에서 말할 수 있는 사실들을 전하려고 한다.

90년생을 이해하기 위한 시선은 크게 2가지로 나뉜다. 신입사원인 90년생을 대하는 법, 경제력이 생긴 90년생에게 파는(마케팅) 법이다. 기업은 신입사원이 팀의 문화와 업무에 잘 적응하게 하기 위한 여러 가지 제도를 운영하고 있다. 하지만 획일화된 제도는 시행착오를 겪게 마련이고 그 모든 과정이 비용이다. 나는 지금 입사 3년 차다. 입사할 때부터 어느 정도 회사에 동화되기까지 사고의 변화가 있었다. 그래서 회사 동료와 친구가 어떤 생각을 하며 다니는지 솔직한 이야기를 듣고 이유를 분석해보기도 했다.

요즘 유행하는 놀이 중 밸런스 게임이 있다. 선택하기 어려운 2가지 중 하나를 선택하는 게임이다. 워라밸과 돈은 여기에서도 단골

주제다. 예를 들어 이런 식이다.

월급 500만 원에 야근 많은 회사

vs

월급 300만 원에 워라밸 보장하는 회사

이 정도 차이면 300만 원을 선택하는 사람이 더 많다. 100만 원을 더 줄여서 400만 원과 비교하면 무조건 300만 원을 선택한다. 이것을 밸런스 파괴라고 한다. 물론 돈을 선택하는 사람도 많겠지만 워라밸을 바라보는 시선이 많이 바뀌었다. 그리고 어딘가에 속하는 것을 원하지 않는다. 회식이나 야근과 같이 업무 외적인 부분에 대한 저항심이 크다. 회사를 위해 무언가를 희생해주기를 바란다면 90년생과 충돌이 일어날 것이다.

다른 하나는 90년생을 고객으로 둔 사람들의 시선이다. 나는 마케터로서 사람의 구매 심리에 대해 많이 고민한다. 무의식에 내재된 구매 심리를 이론적으로 설명할 수도 있다. 하지만 실제로 적용하기는 어렵다는 것도 안다. 확실한 것은 90년생들이 주로 활동하는 무대를 알면 마케팅에 적용할 수 있다는 점이다. 우선 누구나 다 아는 인스타그램 광고부터 잘 모를 수도 있는 SNS 유형까지 담았다.

에브리타임 같은 앱을 예로 들 수 있다. 에브리타임은 대학생이 주로 사용하는 시간표 앱으로 커뮤니티 기능까지 갖추었다. 대학생이라면 대부분 사용하지만 이름조차 모르는 기성세대가 많다. 이외에도 디스코드, 페이스북, 인스타그램은 자주 사용하는 반면 트위터는 잘 사용하지 않는다.

90년생의 이야기를 전하고 있지만 사실 나는 90년생을 대표하지 못한다. 최대한 객관적인 사실을 전달하고자 했으나 나와 주변 친구들의 이야기가 많이 들어갈 수밖에 없다. 마음이 맞는 사람들과 어울리게 마련이니 친구들의 성향도 나와 비슷할 것이다. 그럼에도 최대한 일반화하여 쓰려고 노력했다.

자체적으로 지인들에게 물어본 결과 정확도는 약 70%였다. 목차에서 공감하지 못하는 내용을 알려달라고 했는데, 한 사람당 3~5가지 정도를 꼽았다. 다행히 친구들마다 공감되지 않는다는 목차가 달랐다. 70%라고 한 것은 친구 입장에서 말하지 않은 내용이 있다는 점을 감안해서 추정한 수치다. 특정인을 대상으로는 맞지 않을 수 있지만 평균적으로 유용하게 적용될 수 있다.

90년생은 세대를 특정하여 어떻다고 하는 글들에 거부감이 있다. 그래서 책의 내용을 실제로 적용할 때는 신중해야 한다. 천천히 90년생을 이해하려는 모습을 보이면 분명 반응할 것이다. 자신을 이해하려는 사람에게 적대적인 사람은 없다. 다가오는 세대들은 90년생보다 더하면 더했지 덜하지는 않을 것이다. 그나마 잘 통하는 90년생을 이어가면 앞으로도 변화에 보다 잘 적응할 수 있다.

| 차례 |

머리말 | 008

Part 01
90년생의 정체

90년생, 새로운 종(種)의 기원 | 019

90년생의 일자리 유감 | 026

열심히 살지 않기로 했다 | 032

디지털 원주민의 슬기로운 디지털 생활 | 039

인스타그램 계정은 필수, 활동은 선택 | 043

90년생의 B급 코드 | 049

신조어 창조의 달인 | 055

90년생의 나 홀로 문화 | 062

챌린지 콘텐츠 생산자 | 068

90년생의 살롱 문화 | 074

90년생이 결혼 생각 없는 진짜 이유 | 080

Part 02
90년생의 뇌구조

조금 달라도 괜찮아 | 089

국민연금을 보장하라 | 094

탈물질주의 감성 | 100

노력해도 안 되는 건 안 된다 | 106

불공정은 용서하지 않는다 | 112

90년생에게 방송은 소통이다 | 118

90년생의 도덕주의 본능 | 123

스트리밍, 경험이거나 돈이 없거나 | 129

남녀는 이미 평등하다 | 135

강요하지 마, 판단은 내가 해 | 140

Part 03
90년생이 일하는 방식

칼퇴 사수에도 이유가 있다 | 149

90년생의 감정노동 | 157

수평적 사고에 익숙하다 | 161

보상과 착취를 명확히 하라 | 167

90년생을 붙잡지 마라 | 173

정답을 구체적으로 알려줘라 | 177

회식은 스트레스다 | 183

90년생의 두 얼굴 부캐, 자발적 아싸 | 189

손편지 쓰는 90년생 | 195

안티 꼰대, 꼰대 감별사 | 200

Part 04
90년생이 사는(buy) 법

공짜 콘텐츠는 없다 | 207

순식간에 사라지는 유행 | 213

브랜드보다 인플루언서 마켓 | 220

편의점 도시락 아니면 호텔에서 한 끼 | 226

편리미엄, 비싸도 편리하면 산다 | 232

좋은 기업 밀어주기 | 238

Part 05
90년생에게 파는 법

밀레니얼 맘과 대디를 공략하라 | 247

90년생은 트렌드 전파자 | 252

90년생을 움직이는 콘텐츠 마케팅 | 257

인스타그램 마케팅은 필수 | 263

용도에 따라 골라 쓰는 SNS | 269

90년생의 진짜 목소리 듣는 법 | 275

00년생이 온다 | 281

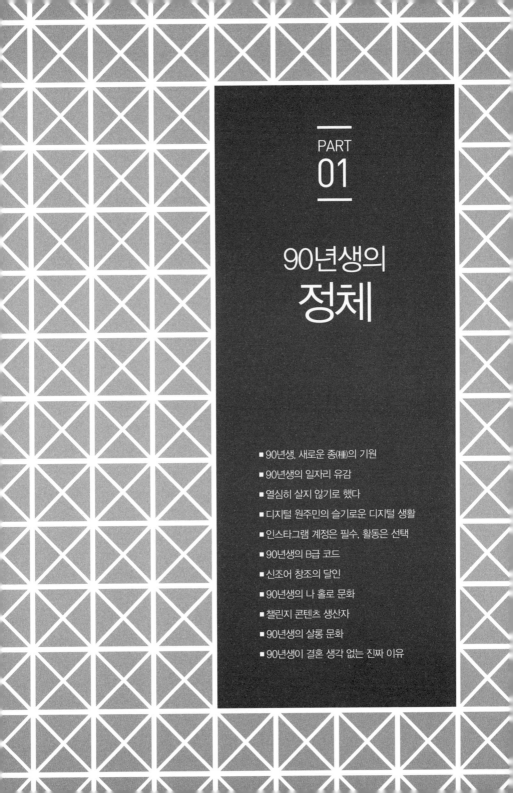

PART

01

90년생의
정체

- 90년생, 새로운 종(種)의 기원
- 90년생의 일자리 유감
- 열심히 살지 않기로 했다
- 디지털 원주민의 슬기로운 디지털 생활
- 인스타그램 계정은 필수, 활동은 선택
- 90년생의 B급 코드
- 신조어 창조의 달인
- 90년생의 나 홀로 문화
- 챌린지 콘텐츠 생산자
- 90년생의 살롱 문화
- 90년생이 결혼 생각 없는 진짜 이유

90년생,
새로운 종(種)의 기원

90년생도 모르는 90년생의 특징

일반적으로 밀레니얼 세대는 1981~1995년생, Z세대는 1996년생 이후 세대를 말한다. 사회적으로 이슈가 되고 있는 90년생은 밀레니얼 세대와 Z세대에 걸쳐 있는 것으로 볼 수 있다.

하지만 아무리 특정 세대에 대한 연구를 해도 일관적이지 않다. 연구에 따라 각 세대의 범위가 많게는 10년 이상 넓어지기도 하고, 개개인이 살아온 환경과 가치관이 다르기 때문에 다양한 특성이 나타날 수 있다.

부산에서 대학을 다니다 현재 휴학 중인 권 모 씨(21)의 현실은 Z세대로 호명되는 세대 구성원들의 전형적인 모습과는 다소 거리가 있다. 권씨 역시 유튜브와 넷플릭스, 틱톡 등 각종 영상을 보며 여가를 즐기고 정보를 얻는 등 일반적인 모습의 Z세대 생활상을 공유하기도 한다. 하지만 스스로를 '아싸(아웃사이더)'라고 표현한다. 그는 자신의 삶이 많은 구독자들을 모으고 있는 유튜버들은 물론 SNS 활동을 활발히 하는 고교·대학 친구들의 '인싸(인사이더)' 생활과 거리가 멀다고 말했다. 권씨는 "편의점에서 일을 마치고 나면 PC방 가서 게임하면서 스트레스 푸는 게 일과"라고 말했다.("디지털 원주민 Z세대의 또 다른 얼굴", 김태훈, 〈경향신문〉, 2019. 1. 26.)

세대 연구는 대부분 일부 그룹을 특정 지어 전체의 특징으로 나타낸다. 예를 들어 80년대 학번의 60년대생을 지칭하는 86세대에는 대학을 가지 못한 70%가 소외되어 있다. 90년생에 대한 연구도 마찬가지다. SNS를 활발하게 사용하고 패션과 트렌드에 민감한 일부 인싸들의 특징일 뿐이다. 90년생들은 이런 특징들을 보며 '우리 세대가 이렇기는 하지'라고 공감하면서도 자기 얘기는 아니라고 생각한다. 그래서 그 세대의 특징으로 이해하되 개인에게 적용할 때는 주의해야 한다.

90년생을 신주류로 정의한 많은 연구가 나오고 있다. 하지만 대부분은 그 나이대에 생기는 특성일 뿐이다. 기성세대들도 과거에는 그랬다는 사실을 잊고 새로운 유형의 사람이 태어났다고 생각한다. 미국의 작가 톰 울프(1931년생)는 1960년대생을 'me generation', 즉 '자기중심적 세대'라고 표현했다. 한국 갤럽이 1970년대생에 대한 인식을 설문조사한 결과에서도 '자기 권리만 주장한다'(86.9%), '이기적이다'(86.6%), '예의를 모른다'(79.9%), '감각적으로 사물을 판단한다'(71%), '일에 대해 무책임하다'(54.4%)와 같이 부정적인 평가가 많이 나왔다. 이것은 지금의 90년생이 받고 있는 평가이기도 하다.

물론 그때는 맞고 지금은 틀린 것도 많다. 2010년 청년들의 의지를 불태웠던 김난도 교수의 《아프니까 청춘이다》는 100만 부 넘게 팔렸다. 당시에는 젊었을 때 고생은 사서도 한다는 유의 책들이 베스트셀러가 되었다. 지금은 "아프면 환자지 무슨 청춘이야"라며 뭇매를 맞는다. 우리가 집중해야 하는 것은 이런 변화다. 옳고 그름의 문제가 아니라 시대의 변화를 받아들여야 한다. 그러기 위해서는 그 사람이 겪어온 사회를 이해하는 것이 중요하다. 다음은 지금까지 정리된 각 세대별 특징들이다.

90년생 전반과 후반은 또 다르다

베이비붐 세대는 전쟁 직후 태어난 1955~1963년생을 말한다. 어린 시절 극도의 빈곤기를 보냈고, 청년기에는 경제적으로 고도의 성장기를 보냈다. 경제적으로 여유가 있지 않아 열심히 일을 했다. 개인은 회사에 충성하고 회사는 개인의 가정을 책임진다는 암묵적 규칙이 있었다. IMF 외환위기를 맞아 큰 타격을 받으면서 회사에 더 충성하는 형태로 대응했다. 현재 이들은 노년층에 접어들고 있으며 노후에도 일을 중요하게 생각하는 경향이 있다.

그다음 막강한 힘을 키워온 86세대가 있다. 30대, 80년대 학번, 60년대생이라는 의미로 386세대라고 불렀다. 이들이 50대가 되어 586세대라고 불리다가 지금은 86세대라고 불린다. 명확한 기준이 없어 일부 베이비부머 세대와 겹치기도 한다. 민주화운동을 이끌었으며 급격한 경제 성장을 이루었다. 이들은 현재에 안주하지 않고 끊임없이 자기계발을 한다. 무에서 유를 창조한 세대로 노력을 통해 무엇이든 이룰 수 있다고 믿는다. 미래 가치를 중요시하는 이들은 90년생과 상극의 형태를 보인다.

X세대는 1970년대생이다. 더글러스 코플랜드의 소설 《X세대(Generation X)》(1991년)에서 유래했다. X세대가 사회에 진출하기 시작할 때는 경제 성장기가 이미 끝난 시점이었다. '우리나라 최초의 개인주의 세대'라고 불리는 이들은 개성을 중요시하며 자기 자신에

게 집중하기 시작했다. 86세대와 같이 노력을 중시하는 모습을 보인다. 화려한 20대를 보냈으나 사회에 진출할 시기에 IMF 경제 위기와 2008년 금융위기를 겪었다. 따라서 사회 초년생부터 생존력을 키울 것을 요구받았다. 불공정한 대우에도 참고, 회사에 충성하는 방식으로 살아남으려고 한다.

X세대는 '서태지와 아이들'로 대표되기도 한다. 서태지와 아이들은 당시 생소했던 랩을 유행시켰다. 멜로디 사이에 랩을 넣는 트렌드도 만들었다. 데뷔하면서부터 방송 3사의 가요 대상을 휩쓸었고 문화대통령이라 불릴 정도였다. 지금 90년생이 즐기는 문화의 시초이다. 지금도 〈쇼미더머니〉나 〈고등래퍼〉가 인기를 끈다. 멜로디와 랩을 혼용하는 것도 마찬가지다. X세대부터는 사회가 안정기에 진입해 이후 세대들과 큰 차이를 보이지 않는다.

밀레니얼 세대는 1981~1995년생으로 베이비붐 세대의 자녀들이다. 린 C. 랭카스터와 데이비드 스틸먼의 《밀레니얼 제너레이션(The M-Factor)》에서 처음 나왔다. 이들은 사회적 가치를 중시하며 위계질서에 굴하지 않는다. SNS를 능숙하게 사용하고 개성을 중요시한다. 가정형편 때문에 원하는 공부를 하지 못했다고 생각하는 부모 세대의 영향을 받아 대학 진학률이 높다. 유년기에 IMF부터 2008년 금융위기를 겪으며 부모 세대의 실직을 지켜봤다. 대기업도 자신의 인생을 책임져주지 않는다는 것을 깨닫고 공무원 시험에 몰리기 시작한다.

1996년생 이후 세대를 Z세대라고 한다. 20세기의 마지막에 태어난 세대라고 해서 Z라고 붙였다. 아날로그 문화를 일부 경험한 밀레니얼 세대와 다르게 태어날 때부터 디지털 시대였다. 20대 초반에 세월호 사건을 겪으며 기성세대의 부정부패에 대한 반감이 크다. 기성세대의 금전적 이득 때문에 친구들이 희생됐다고 생각한다. 선배들이 회사에 오래 다니지 못하는 모습들을 보며 미래를 포기하기 시작한 세대다. 어차피 불분명한 미래를 대비하기보다 현재에 집중하는 성향을 보인다.

이와 같은 세대 구분은 미국의 기준을 적용한 것이다. 한국과는 맞지 않아 혼란을 야기하기도 한다. 가장 큰 차이를 보이는 것이 밀레니얼 세대이다. 미국의 밀레니얼과는 다르게 한국의 밀레니얼은 저출산과 저성장 시대를 살았다. 미국의 이론과 다른 모습을 보이면서 한국에서도 자체적인 연구를 하고 있다. 임홍택 작가는 《90년생이 온다》를 통해 10년 단위로 연구하는 방법을 제시했다. '○○년생'이라고 하면 관심이 없는 사람도 쉽게 이해할 수 있다는 장점도 있다.

시간이 지나면서 점차 비슷해지겠지만 적어도 지금의 90년대 초반생과 후반생의 특징은 많이 다르다. 대수롭지 않게 넘길 수 있는

차이도 아니다. 심지어 주로 사용하는 소통 방법도 90년대 초반생
은 카카오톡, 후반생은 페메(페이스북 메시지)이다. 90년대 초반생은
경력이 쌓여가면서 기성세대와 비슷한 모습을 보인다. 반면 90년
대 후반생은 아직 이론과 비슷한 특성을 가진다. 기성세대의 눈으
로는 볼 수 없었던 디테일을 하나씩 이 책에서 풀어보려고 한다.

90년생의
일자리 유감

부모보다 가난한 세대

부모보다 가난한 세대라는 말이 더 이상 어색하지 않다. 국회예산
정책처에서 조사한 '연령-소득 프로파일 추정을 통한 세대 간 소
득 격차 분석'에 따르면 1972년생 이전까지는 부모 세대보다 임금
이 상승했다. 1973~1977년생은 여러 해석이 있지만 1978년생 이
후부터는 확실히 소득이 떨어지기 시작했다. 2008년 금융위기의
영향을 세대 전체가 받았기 때문이다. 2020년에는 코로나19의 영
향으로 취업이 크게 힘들어졌다. 최초로 부모 세대보다 소득이 줄
어든 1978년생에 이어 90년생의 생애 소득도 크게 줄어들었다.

　통계청에서 발표한 '2020년 6월 고용 동향'에 따르면 20대 청년의

실업률은 10.2%이다. 우선 코로나로 인해 취업 자체가 쉽지 않다. 현대자동차, LG, KT 등 대기업들은 정기 공채를 폐지했다. 채용을 진행하던 금호타이어는 일방적으로 취소 통보를 하며 논란이 되었다. 〈주간동아〉의 기사에 따르면 구직 단념자가 IMF 때보다 많다고 한다. 미취업자 중 취업(공무원) 시험 준비나 구직 활동 없이 그냥 시간을 보낸다고 응답한 사람은 39만 7천 명에 달한다. 전체 응답자의 23.9%이고, 전년 대비 19.2% 늘어난 수치다.

양질의 일자리를 구하지 못하는 것은 부동산 문제로도 이어진다. 이것을 극적으로 보여주는 미국의 연구가 있다. 나이를 25~35세로 고정해놓았을 때 주택 자가 보유율을 조사한 결과 1981년에 25~35세였던 사람들의 주택 자가 보유율은 35%였다. 1990년에 25~35세였던 사람들은 29%, 2000년은 33%이다. 90년생이 25~35세인 지금은 어떨까? 불과 21%밖에 되지 않는다. 우리나라도 크게 다르지 않다. 한국은행의 자료에 따라 60세 이상이 보유한 주택 수를 보면 2013년 361만 채에서 2017년 464만 채로 늘었다. 반면 39세 이하 청년층은 170만 채에서 151만 채로 줄었다.

청년들이 힘든 이유는 중산층의 붕괴에 있다. 큰 부자를 꿈꾸는 90년생은 흔하지 않다. 기성세대의 중산층보다 약간 더 잘살고 싶은 정도다. 차 하나, 집 하나 있을 뿐이라는 기성세대의 말은 배부르게만 느껴진다. MIT 경제학과 데이비드 오토 교수는 숙련 수준을 기준으로 양극단의 일자리는 증가하고 중간 수준의 숙련도를 요구하는 일자리는 줄어들었다고 한다. 90년생은 평범하게 지내면 평범해질 수 없는 사회에 살고 있다.

90년생의 부모들은 자녀들이 평범하게 살 수 있는 방법을 교육에서 찾았다. 베이비붐 세대의 절반 이상이 가정형편이 좋지 않아 자신이 원하는 단계까지 교육을 받지 못했다고 생각한다. 대학을 졸업한 사람들이 잘나가는 것을 보며 교육의 중요성을 느꼈다. 사회생활을 하며 경제적 여유를 가지게 되자 자녀들에게 대학 진학을 강조했다. 그 결과 90년생의 대학 진학률은 무려 81.9%에 달한다. 하지만 대학 진학이 성공을 보장하지 않는다는 사실을 깨달으면서 점차 줄어들고 있다.

자녀를 생각하는 마음이 90년생에게는 또 다른 악순환으로 이어졌다. 대학에 진학하는 사람들이 많아지면서 대학 프리미엄이 줄어든 것이다. 대학 프리미엄은 고졸에 비해 얼마나 많은 임금을 받는지를 의미한다. 최근 30% 이내로 들어오면서 투자 대비 효율이 떨어지고 있다. 고학력 일자리가 줄어들면서 서비스·판매직, 단순 노무직으로 하향 취업도 늘어나고 있다. 4년제 대학을 졸업하고 취업을 위해 2년제 대학을 다시 들어가는 사례도 많다.

학점 0.1점에 인생이 갈리는 세대

'88만 원 세대'라는 말이 나온 지 10년이 지났다. 이제는 'N포 세대'라고 한다. 연애, 결혼, 출산을 포기하는 '3포 세대' 이후 내 집 마련과 인간관계까지 포기하는 '5포 세대'가 생겼다. 꿈과 희망을 포기하는 '7포 세대'를 지나 모든 것을 포기하는 'N포 세대'가 나타났다. 청년들이 감당하기 힘든 수준에 이르자 문재인 정부는 청년을 취약계층으로 지정하고 지원하는 단계까지 왔다. '하고자 하면 무엇이든 할 수 있는 나이'라며 희생을 강요한 것이 잘못되었음을 느낀 것이다.

2008년 '고용상 연령 차별 금지 및 고령자 고용 촉진에 관한 법률' 제19조 1항이 개정되었다. 근로자의 정년을 60세 이상으로 정해야 한다는 내용이다. 이 법으로 은퇴 연령이 5년가량 늦춰졌다. 근로자에게 유리한 법이 제정되면 수혜를 받는 사람은 대기업과 공기업 재직자들이다. 조건이 좋지 않아 이직률이 높은 중소기업은 영향을 덜 받는다. 수혜자들이 있는 자리가 취업 준비를 하는 사람들이 가고 싶어 하는 핵심 일자리들이다. 이 법이 제정되지 않았다면 90년생에게 넘어갔을 일자리다.

눈을 낮추라는 말을 쉽게 하는 사람들이 있다. 요즘 애들은 조금만 힘들어도 안 하려고 한다, 일단 어디든 취업해서 열심히 하면 올라갈 기회가 있다고 말한다. 〈경향비즈〉에 따르면 눈을 낮춰서 취업한 사람의 85.6%가 1년 후에도 하향 취업에서 벗어나지 못했다고 한다. 적정 일자리를 찾은 사람도 2년 뒤 8.0%, 3년 뒤 11.1%에 불과했다. 한번 낮춰서 취업하면 영원히 기회가 없다는 것을 보여준다.

90년생들이 힘든 일을 기피하는 것은 아니다. 힘든 일을 할 만큼의 가치를 제시하지 못하기 때문에 가지 않는 것이다. 눈을 낮춰서 가라는 곳은 대부분 매우 열악한 일자리다. 심지어 비전도 보이지 않는다. 청년들의 노동력을 수급하기 위해 괜찮은 일자리인 양 꾸민 뉴스를 보며 현실을 모른다고 비웃는다. 기성세대도 사실은 알고 있다. 그래서 친인척 등 자신과 친한 사람들에게는 눈을 낮추라고 권하지 않는다.

90년생은 이미 눈을 낮출 만큼 낮췄다. 2019년 한국은행의 조사에 따르면 대학 졸업생의 30%가 대학 졸업장이 필요하지 않은 일자리에 취직했다고 한다. 2000년에 22~23%였던 것에 비해 크게 상승했다. 하향 취업을 한 사람들의 임금은 적정 취업을 한 사람보다 38% 낮았다. 눈을 더 낮추면 아르바이트 수준의 일자리를 찾아야 한다. 지금까지 경쟁에서 살아남기 위해 했던 노력이 물거품이 되는 것이다. 더 이상 물러설 수 없는 90년생과, 현재의 90년생이 자신이 사회 초년생일 때보다는 낫다고 생각하는 사람들이 대립하며 세대 갈등은 더 깊어진다.

취업을 준비할 나이가 되면 기성세대와 바로 위 선배의 사고방식 차이가 느껴진다. 교수님을 비롯해 주변 어른들은 취업을 하고 나서도 얼마든지 기회가 있다고 말한다. 창업을 하거나 기술을 배우는 것처럼 다른 길도 있다는 것이다. 반면 취업을 한 선배들은 계속해서 첫 취업의 중요성을 강조한다. 첫 취업 이후 바뀔 여지가 없는 현실을 누구보다 잘 알기 때문이다. '백수'라는 말 대신 '취준생'(취업준비생)이라는 말까지 만들어주며 첫 직장의 중요성을 강조한다.

어떻게 하면 평범하게 살 수 있는지 알고 있는 90년생은 소수에게만 허락된 평범할 수 있는 특권을 얻기 위해 노력한다. 내가 아니라 사회구조가 잘못된 것임을 알고 있지만 사회 탓만 할 수는 없다. 어떻게든 내 자리를 만들어야 한다. 그 확률을 조금이라도 높이기 위해 학점 0.1점, 토익 10점에 목매는 것이다. 기성세대가 20대에 추구했던 '낭만'이나 '정의'는 멀게 느껴진다. 나부터 살고 보자는 생각이다.

열심히 살지
않기로 했다

신입사원이 사라졌다

"아니, 무슨 다 경력직만 뽑으면 나 같은 신입은 어디서 경력을 쌓나? 어? 난 어디서 쌓나? 내 말이 틀려?" 유병재가 끌려가면서 소리친다. TvN에서 방영했던 예능 프로 〈SNL〉의 '면접 콩트'에 나온 유행어다. 많은 취업준비생들이 공감하며 퍼져나갔다. 90년생들은 고등학교에서 열심히 공부해서 대학생이 되었다. 대학에서는 학점 관리를 하고 전공 관련 자격증도 취득했다. 대학교를 졸업하고 취업을 하려고 하니까 자기소개서에 이런 문항이 나온다. "회사에 어떻게 기여할 수 있는지 경력 위주로 서술하시오." 분명 신입 공채인데 이력서 문항에 경력 사항이 있다.

한국 최대 취업 포털 사람인에서 230개 사를 대상으로 "올해 신입 채용을 줄이고 경력직 채용으로 대체한 적 있습니까?"라고 질문한 결과 40.4%가 '있다'라고 답했다. 첫 번째 이유로는 '실무 처리 인력이 급해서'(36.6%, 복수 응답)를 꼽았다. 계속해서 '최소 인원만 고용해 인건비를 줄이기 위해서'(34.4%), '신입은 조기 퇴사 등 손실이 많아서'(22.6%), '필요한 인원만 충원하기 위해서'(20.4%), '경력 채용에 대한 만족도가 더 높아서'(17.2%), '신입 교육 등에 투자할 여력이 없어서'(12.9%) 등을 들었다. 신입 채용을 줄이고 만족도가 더 높다고 하니 앞으로도 이런 현상은 늘어날 것으로 보인다.

....

대기업 취업을 준비하던 직장인 김 모 씨(1994년생)는 얼마 전 한 중소기업에 취직했다. 대기업 취업을 포기한 것은 아니다. 경력을 쌓아 중고신입으로 지원하려고 한다. 이미 취업에 필요한 8대 스펙(학벌, 학점, 토익, 어학연수, 자격증, 봉사활동, 인턴 경험, 수상 경력) 중 7개를 채웠다. 인턴 경험을 다른 경력 사항으로 대체하기 위해 취업했다. 우선 1년 동안 대기업 공채를 노려볼 생각이다. 1년 안에 대기업을 가지 못하면 3년을 채운 후 경력직 이직을 생각하고 있다. 어쨌든 오래 다닐 생각은 없다.

....

한 취업 커뮤니티의 글을 각색한 내용이다. 경력이 있는 사람이 경력직이 아닌 신입사원으로 시작하는 것을 중고신입이라고 한다. 입사할 때부터 중고신입을 염두에 두는 사람이 많다. 중고신입의 가장 큰 장점은 합격률이 높다는 것이다. 1년 정도 늦더라도 대기업에 들어가기만 하면 더 높은 연봉을 받는다. 회사도 더 빠르게 적응하는 중고신입을 선호한다. 한번 취업을 해봤기 때문에 기본적인 비즈니스 매너를 갖추고 있다. 업무 프로세스도 어느 정도 알고 있어 이해도가 높다. 수능에서 N수생이 최대의 적이듯 취준생들에게 중고신입은 넘기 힘든 벽으로 느껴진다.

경력의 하향화라고 하기도 한다. 중소기업의 경력을 활용하여 중견기업이나 대기업 경력직으로 가는 것이 이상적인 사회다. 경제 성장기에는 수요가 더 많아서 중소기업 경력자도 데려와야 했다. 경제 성장이 멈춘 지금은 그때처럼 많은 사람이 필요하지 않다. 중소기업의 경력은 인정해주지 않는다. 3년 정도 경력이 있어도 감히 경력직으로 지원할 엄두가 나지 않는다. 대기업 신입사원의 임금이 더 높다. 그러니 비교적 만만한 신입 공채에 지원하는 것이다.

기회의 부재

90년생은 안정성을 중요시하기 때문에 공무원 시험에 몰린다고 한다. 틀린 말은 아니다. 안정성을 중요하게 생각하는 것은 전 세대의 공통된 특성이다. 이전보다 안정된 직업이 없기 때문에 공무원 시험에 더 몰리는 것도 맞다. 그런데 한 가지 이유가 더 있다. 공무원 시험은 고등학교 과목과 비슷하다. 9급 공무원의 공통 과목은 국어, 영어, 한국사이다. 이미 공부한 과목들이다. 선택 과목에 수학, 과학, 사회가 추가되어 더 수월하게 준비할 수 있다. 되기만 하면 평생 걱정 없는 꿈의 일자리다. 기성세대는 복잡한 사회 모델을 만들어가면서 왜 공무원 시험에 몰리는지 분석한다. 90년생이 공무원을 선택하는 이유는 단순하다. 할 만해 보여서, 좋은 일자리니까 시도하는 것이다.

90년생의 가장 큰 문제는 기회가 없다는 것이다. 국회의원 비율을 보면 알 수 있다. 평균 연령이 가장 높았던 2016년 총선에서 19~39세 의원은 2명에 불과했다. 35.6%에 달하는 유권자에 비해 매우 적은 수치다. '어려서 그래'라는 말은 통하지 않는다. 86세대가 30대였던 1996년 총선에서는 10명의 의원을 배출했다. 40대에는 106명, 50대에는 161명으로 절반 이상을 차지했다. 2016년 40대 의원이 50명에 불과했던 것에 대비된다.

시간이 지날수록 기회가 줄어드는 것은 전 세계적인 현상이다.

하지만 우리나라는 더 심하다. 2019년 4월 고민정 전 KBS 아나운서가 39세의 나이로 청와대 대변인에 임명되었다. 언론사들은 새로운 시대가 열리는 것처럼 앞다퉈 보도했다. 우리나라에서 젊은 층에게 기회는 이 정도다. 39세에 요직을 차지하는 것이 두고두고 회자되는 사건이다. 세계적으로 보면 전혀 특별한 일이 아니다. 프랑스의 에마뉘엘 마크롱 대통령은 39세에 대통령이 되었다. 캐나다의 저스틴 트뤼도 총리는 44세에 총리가 되었다.

기회의 부재는 포기로 이어진다. 심리학 용어로는 '2차적 자기애'라고 한다. 주로 상처에 대한 반응으로 일어난다. 내가 지금까지 해온 것들이 거부당할 때 정신적으로 무너지지 않기 위해 마음을 닫는 것이다. 먹고살기 위해서 사회생활은 하지만 거기에 의미를 부여하지 않는다. 회사가 이 정도는 해주겠지 하는 기대도 없다. 기대한 만큼 상처를 받기 때문이다. 최소한의 노력으로 내가 좋아하는 것을 하며 살 생각이다. 90년생이 미래의 가치를 부정하고 현재에 집중하는 특성은 이렇게 형성되었다.

무의미한 무민 세대

그렇다고 미래를 포기한 것은 아니다. 기성세대가 만들어둔 '안정성'에 대한 신뢰가 없는 것이다. 보험연구원의 조사에 따르면 1980년생이 20대였을 때의 보험 가입률은 73.6%였고, 1990년생은 63.8%에 불과하다. 10년 사이에 10% 줄어들었다. 90년생은 불안하다. 믿고 맡길 곳이 없다. 기성세대보다 더 아끼며 조금이라도 불안감을 해소하려고 한다. 실제로 90년생의 저축 성향은 기성세대보다 높다. 통계청 자료에 따르면 2000년에 2030세대의 저축 성향은 22%였고, 2014년에는 27%에 달했다.

경쟁에서 앞서 나가고 있는 수도권 대학생들보다 지방대 학생들에게 이러한 현상은 더 크게 나타난다. 계명대학교 사회학과 최종렬 교수는 지방대 학생들에게 체념과 적당주의가 나타난다고 말한다. 열심히 해봐야 계층 이동 사다리를 올라갈 수 없다는 것을 받아들인다. 수도권 학생들도 이 차이를 안다. 단 한 번의 실패가 되돌릴 수 없는 결과를 만든다고 생각한다. 남의 일처럼 느껴지지 않는다. 불안감을 안고 뒤처지지 않기 위해 스펙을 더 쌓는다.

90년생은 기성세대처럼 고위직이나 부자가 될 수 없다고 생각한다. 오히려 폐지를 줍는 기초생활수급자들의 현실에 공감한다. 낮은 소득이 낮은 자산으로 이어져 노년도 크게 다를 것 같지 않다. 그래서 노인 빈곤 문제에 관심이 많지만 자신도 누구를 도울 처지가 아니라고 느낀다. 2018년 〈매일경제〉에 20대를 대상으로 설문조사한 결과가 보도되었다. '현재 가장 필요한 것이 무엇이냐?'는 질문에 63.8%가 '생활비 등 경제적 지원'을 꼽았다. 사회가 발전했다고 해도 가난에 시달리는 청년이 많다.("내 고민은 취업〉생활비〉연애…그래도 미래는 밝다", 우제윤, 〈매일경제〉, 2018. 12. 31.)

초등학생 때부터 경쟁에 내몰린 청년들은 지쳤다. 평범함의 기준을 낮추고 자신의 삶을 살아가려고 한다. 열심히 살아야 한다는 강박관념을 버렸다. 최근 나온 신조어 중에 무민 세대라는 말이 있다. '없을 무(無)'에 '의미'를 뜻하는 영어 '민(mean)'을 합친 말이다. 90년생은 무의미에서 의미를 찾는다. '무자극, 무맥락, 무위휴식'을 지향하며 스트레스에서 벗어나려고 한다. 아무것도 하지 않으면 게으르다는 인식을 거부한다.

90년생이 현재만을 생각한다고 비난해서는 안 된다. 청년들의 성향은 보통 기성세대가 만든 세상에 대한 반응으로 나타난다. 사회 전반적으로 기회가 없다. 비슷한 상황인 다른 나라와 비교해도 눈에 띄게 적다. 성장 사회를 겪어본 경험도 없다. 소수만이 살아남을 수 있는 경쟁 구도에서 90년생은 눈을 돌리고 있다. 그렇기에 다른 사람들의 시선보다 나 스스로에게 집중한다. 어차피 계층 이동 사다리는 보이지도 않는다. 어떤 것도 이룰 수 없을 것 같으니 체념한다는 느낌도 있다.

디지털 원주민의
슬기로운 디지털 생활

생후 1년부터 스크롤을 익히다

디지털 네이티브라는 말은 미국의 미래교육학자 마크 프렌스키가 2001년 발표한 논문 〈디지털 원주민, 디지털 이주민(Digital Natives, Digital Immigrants)〉에서 처음 등장했다. 태어날 때부터 컴퓨터, 인터넷, MP3 등의 전자기기들을 사용해온 세대로 디지털 원주민이라는 뜻이다. 아날로그 시대에 태어났지만 성장해가면서 디지털 문화를 받아들인 세대는 '디지털 이주민'이라고 한다. 디지털 이주민들도 디지털 문화를 자연스럽게 사용한다. 차이점은 사람의 사고가 형성되는 15세에서 20세 사이에 디지털을 사용했다는 것이다. 그 차이는 생각보다 크다.

2011년 유튜브에 올라온 디지털 네이티브에 대한 동영상은 조회 수 500만 회를 돌파했다. 아이패드, 스마트폰에 익숙한 아기에게 아이패드를 뺏고 잡지를 주니 책을 한 장 넘기고는 확대하기 위해 드래그를 한다. 확대되지 않으니 다시 한 장을 넘기고 드래그한다. 이번에도 확대되지 않는다. 스크롤을 내려보지만 화면이 내려가지 않는다. 고장 난 것 같다. 반응이 없으니 흥미가 없다. 아기는 다시 아이패드를 찾는다. 진짜 디지털 네이티브를 보며 많은 사람들이 충격을 받았다.

캘리포니아 대학교(UCLA) 신경과학자 게리 스몰은 〈아이브레인 (iBrain)〉에서 디지털 네이티브는 '배외측 전전두피질(DLPFC)' 부위 가 발달했다고 말한다. 계획을 세우고 문제 해결을 하는 능력과 관 련된 부위다. 이 부위가 발달하면 의사 결정을 돕고 다양한 정보를 통합할 수 있는 능력이 높다. 권찬영 한의사는 배외측 전전두피질 은 주의의 폭을 유지하는 것과 관계가 있다고 말한다. 무수히 많은 정보들 중에 중요한 정보에 집중할 수 있으므로 단기 기억과 학습 에 중요한 역할을 한다. 이러한 기능이 저하되어 있다면 말과 행동 이 산만하다고 한다.

2000년대 인터넷과 온라인에 익숙한 웹 네이티브(Web Native)가 나 왔다. 웹 네이티브는 디지털 이주민이 되었다. 그리고 90년생은 디 지털 네이티브로 불렸다. 지금은 '앱 제너레이션(App Generation)'이라고 한다. 단순한 디지털 문화를 넘어 스마트폰으로 모든 기능이 압축되었고, 그 핵심이 되는 앱을 자연스럽게 사용하는 세대라는 뜻이다. 엄밀하게 말하면 90년생을 앱 제너레이션이라고 할 수 없다. 스마트폰이 빠르게 발달했지만 지금처럼 앱을 사용하는 시대에 자란 것은 아니다. 90년대 중반 이후에 태어난 Z세대를 앱 제너레이션이라 부를 수 있다.

90년생의 집중력은 단 10초

90년생은 클릭을 하면 바로 결과가 나오는 세상에서 살았다. 그러다 보니 어떤 일을 하든 신속한 반응을 추구한다. 인터넷에서 3초 안에 다음 화면이 뜨지 않으면 답답함을 느낀다. 10초가 지나면 노트북 와이파이가 잘 잡혀 있는지 확인하고 'F5(새로고침)'를 누른다.

2015년 10월 이런 성향을 보여주는 웹툰이 네이버에 연재되었다. 배진수 작가의 〈하루 3컷〉이다. 한 편을 보는 데 걸리는 시간은 3초 남짓이다. 화려한 그림체는 없지만 공감할 수 있는 내용으로 구성되어 있다. 매일 연재되었는데 월요일부터 일요일까지 모든 요일 순위에서 5위 안에 들기도 했다. 짧고 굵게 집중하는 특성을 잘 이용했다는 평을 받았다.

고씨(1995년생)는 게임을 좋아한다. 하루 평균 게임 시간이 10시간 정도 된다. 그는 몇 달 전 새로 생긴 피시방을 갔다. 항상 5시간 정도 게임을 하면 잠깐 끊기는 현상이 일어난다. 게임에 지장이 갈 정도는 아니지만 1초 정도 멈추는 것을 견딜 수가 없다. 계속해서 그 피시방을 이용하려고 회원 가입까지 했지만 옮기기로 했다. 컴퓨터가 1초 끊기는 것은 받아들일 수 없는 문제다.

O2O 서비스가 확대되며 디지털 네이티브의 세계가 넓어지고 있다. O2O는 'Online to Offline'을 뜻한다. 온라인과 오프라인의 구분이 없어지고 있다. 과거에는 핸드폰으로 인터넷을 보다가도 배달 음식을 시키기 위해 전화를 걸어야 했다. 이제는 배달 앱에서 주문부터 결제까지 한 번에 해결한다. 카카오택시를 사용하면 내 위치를 알려주지 않아도 GPS를 이용해서 택시가 찾아온다. 이런 서비스들을 디지털 네이티브가 적극적으로 소비하고 있다.

앞으로도 디지털은 더 확대될 것으로 보인다. 4차 산업혁명의 주연 중 하나로는 IoT(Internet of Things, 사물인터넷)가 지목된다. 사물에 센서를 부착해 실시간으로 데이터를 인터넷으로 주고받는 것이다. 책상, 병실 등 모든 사물을 연결한다. 지금 출시되는 자동차는 대부분 스마트키 형태이다. 가까이 가면 자동으로 열리고 멀어지면 잠긴다. 이미 진화된 디지털은 일상생활에 들어왔다. 디지털 네이티브는 이런 변화의 중심에 있다.

인스타그램 계정은 필수,
활동은 선택

90년생의 온라인 인맥 관리

90년생은 대부분 SNS를 한다. 직접 사진을 올리지는 않더라도 친구들의 일상을 보며 '좋아요'를 누른다. 참고로 2020년을 기준으로 90년생에게 SNS란 인스타그램을 말한다. 물론 여전히 페이스북을 하고 유튜브도 본다. 그런데 친구들에게 나를 보여주려는 채널은 아니다. 혹시 재미있는 콘텐츠가 있는지 보는 용도로 사용한다. 우리나라에서 한물갔다는 트위터도 한 번씩 들어가는 사람들이 많다. 트위터 이용률이 20%가 넘는 것을 보고 오해하면 안 된다. 90년생들끼리 '너 SNS 해?'라는 말은 '너 인스타그램 해?'라는 말과 동의어이다. 인스타를 인별이라고 부르기도 한다.

2013년 결혼정보회사 가연의 설문조사에서 '소개팅 전 상대의 SNS를 몰래 검색한 적이 있는가?'라는 질문에 67%가 '그렇다'고 했다. 전화번호를 검색하면 연동된 SNS 채널이 나온다. 대부분 자기 채널을 가지고 있으니 만나기 전에 어떤 사람인지 본다. 올린 글들을 보며 가치관이나 사고방식을 파악하는 것이다. 팔로우를 한 사람들을 보면 관심 분야를 알 수 있고, 친구들이 어떤 유형의 그룹에 속하는지도 본다. 온라인의 모습과 현실의 모습을 동일시하는 현상은 오래되었다.

전 여친, 구 남친의 인스타그램을 보다가 들킨 사람도 많다. 언제, 누가 볼지 모르기 때문에 봐도 상관없는 사진들을 올린다. 친구들을 대상으로 올린 사진이 아니라고 해도 또래에게 잘 보이고 싶은 것이 본능이다.

간단하게 사진을 보정해주는 앱을 사용한다. 인기가 있었던 것은 스노우 앱의 보정 효과다. 스냅챗의 아기 얼굴 효과 필터도 인기를 끌었다. 스노우나 아기 얼굴 효과 필터는 사용한 티가 나기 때문에 포토샵으로 보정하는 사람들도 있다.

심혈을 기울인 사진들만 올리다 보니 힘이 든다. 하지만 한 사람의 하이라이트라고도 하는 SNS 채널을 없애기는 싫다. 몇 년에 걸친 추억들이 있기 때문이다. 그래서 나온 것이 '인스타 스토리'다. 24시간이 지나면 자동으로 삭제되기 때문에 매번 힘들게 올릴 필요 없이 가벼운 일상 이야기를 한다. 모르는 사람이 볼까 봐 전전 긍긍하지 않아도 된다. 인스타 스토리는 팔로워들에게만 노출되므로 '좋아요'를 받으려고 노력할 필요도 없다. 인스타 스토리에는 '좋아요' 기능도 없고, 댓글을 달 수도 없다. 인스타 스토리의 반응이 좋자 같은 기능을 탑재한 '페이스북 스토리'와 '유튜브 스토리'가 나오기도 했다.

연예인이나 TV에 출연하는 유명인의 과거가 드러나는 것은 대부분 SNS를 통해서다. 연예인이 되기 전, 자신이 유명해질 줄 몰랐을 때 올린 한마디를 팬들이 찾아낸다. 작은 사진 속의 담배 피우는 사진을 찾아내 일진으로 몰리기도 한다. 이런 상황을 수없이 지켜본 90년생은 하나를 올려도 조심해야 했다. 그러다 보니 재미가 없다. 눈치를 보면서 올리는 것이 달가울 리 없다. 인스타 스토리는 이런 욕구를 해소해주었다. 편하게 올릴 수 있게 된 것이다. 반응이 좋고 재미있는 스토리는 하이라이트로 등록해서 계속 보이기도 한다.

온라인 친구도 친구다

90년생들은 온라인상에서만 만나는 친구도 친구라고 생각한다. 대학내일연구소의 조사에 따르면 '온라인 커뮤니티 회원을 친구라고 생각한다'는 문항에 밀레니얼 세대는 14.7%, Z세대는 22.3%가 '그렇다'고 대답했다(86세대 11.3%, X세대 10.7%). 여선히 5명 중 1명꼴로 많은 비중을 차지하지는 않지만 확실하게 늘어나는 추세다. 어떤 때는 오프라인 친구보다 더 오래 소통하기도 한다. 온라인과 오프라인의 경계가 모호해지고 있다.

인스타그램은 이메일만 있어도 가입할 수 있다. 핸드폰 번호와 페이스북 연동을 하지 않으면 지인들도 알 수 없다. 그래서 다양한 용도로 사용하기도 한다. 대학생 김씨(1999년생)는 인스타그램 계정을 2개 가지고 있다. 하나는 일반적인 SNS로 일상을 공유하고 친구들 사진을 보며 '좋아요'를 누른다. 나머지 하나에는 글을 쓰고 있다. 두 번째 계정은 팔로워가 한 명도 없다. 친구들도 자신의 두 번째 계정은 모른다. 감성에 빠져 쓴 글이라 친구들이 보면 오글거려할 것이 눈에 선하다. 절대로 들키지 않을 생각이다.

야구를 좋아하는 이씨(1992년생)는 SK와이번스의 팬이다. 얼마 전 야구를 주제로 하는 인스타그램 계정을 만들었다. 자신의 일상 중 야구와 관련된 것들만 올린다. 야구를 주제로 올리는 다른 사람들을 팔로우하기도 한다. 인스타그램 팔로워가 몇천 명이 되면 친구들에게 자랑할 생각이다. 팔로워가 늘어나지 않으면 조용히 채널을 닫으면 된다.

인스타그램 계정을 여러 개 운영하는 사람이 많다. 일반적인 채널과 특수한 목적을 가진 채널로 나뉜다. 흔한 유형 중 하나는 사업을 위한 홍보 채널이다. 일기장 형식으로 사용하는 사람이나 특정 콘셉트를 가지고 운영하기도 한다. 헤어진 애인이나 짝사랑하는 사람을 스토킹하려고 만들기도 한다. 실수로 '좋아요'를 누르거나 인스타 스토리의 읽은 사람 목록에 뜨지 않으려는 목적이다.

사진을 찍고 올리는 것은 오래 걸리지 않는다. 물론 한 장의 사진을 건지기 위해 수백 장을 찍는 사람도 있지만 많지는 않다. 대부분의 시간은 다른 사람들을 구경하는 데 쓴다. 관심 있는 연예인, 친한 친구들, 연락이 끊긴 지 오래되어 선톡하기(먼저 카톡하기)애매한 친구들을 구경한다. 재미있는 내용을 다 봤다 싶으면 둘러보기를 본다. 인스타그램의 둘러보기는 내가 관심 있어할 만한 채널들을 자동으로 추천해준다. 주로 모르는 사람의 일상을 본다. 페이스북처럼 유머 글이 올라오기도 한다. 그러다 관심 있는 계정을 보면 팔로우를 하고 주기적으로 챙겨 본다.

SNS 계정이 없는 90년생은 거의 없다. 그런데 활발하게 게시글을 올리는 사람은 많지 않다. 개인적인 체감으로는 90년생의 20% 정도 되는 것 같다. 요즘 젊은이들의 특징으로 보면 대부분 맞지 않는 이유이기도 하다. 한때 열심히 하다가 지금은 적당히 하는 사람도 많다. 인스타그램을 열심히 하다 보면 상당한 에너지를 소모한다. 남자들보다 여자들이 더 많이 한다. 20대 후반으로 가면서

확실히 덜 한다. 게시글은 올리지 않고 친한 친구들에게 '좋아요'만 누르는 사람들도 있다. 인스타그램을 제외한 SNS는 주로 재미있는 콘텐츠를 발굴하기 위한 용도로 사용한다.

90년생의
B급 코드

선을 넘지 않는 드립

병맛, B급 감성, 드립 등 90년생이 재미있어하는 부분에 대한 용어가 다양하다. 이 세 단어는 상당 부분 공통점을 가지고 있어서 구분하기 힘들다. 같은 개그를 놓고 병맛이라고 하기도 하고 드립이라고 하기도 한다. 모든 것을 통틀어 B급 감성이라고도 한다. 맥락이 없고 논리적 오류를 가진 개그를 말한다. 세련된 하이 개그는 재미가 없다. 직설적이며 수준이 낮아야 한다. 약간 저질스러우면서 야한 개그가 재미있다. 선을 넘나드는 위태로운 드립에 재미를 느낀다. 어떤 것을 재미있어한다는 기준은 없지만 어느 정도의 규칙은 있다. 사람들은 매번 새로운 것을 만들 정도로 창의성이 뛰어나지는 않다.

가장 잘 알려진 방식으로는 기승전병이 있다. 완벽한 글의 기준이라고도 하는 기승전결에서 잘 나가다가 결론 부분에서 병맛을 보여주는 것이다. 병맛 만화 중 하나로 컷부 작가의 〈소년들은 무엇을 하고 있을까〉가 있다. 컷부 작가는 베도('베스트 도전'의 약자로 인기를 끌면 네이버에서 정식 연재 제의가 온다) 시절부터 병맛 만화로 유명했다. "무슨 만화인지 모르겠다고요? 정상입니다"와 같은 댓글이 베스트 댓글이 된다. 스토리가 탄탄한 웹툰들과 댓글도 다르다. 병맛 만화는 독자들이 재미있는 댓글을 쓰기 위해 더 노력한다. 스토리에 대해 딱히 할 말이 없기 때문이기도 하다.

이외에도 〈언덕 위의 제임스〉, 〈203호 저승사자〉 등 많은 병맛 만화가 있다. 병맛 만화는 대중성을 가지기 어렵다. 그나마 대중성을 가진 병맛 만화로는 이말년 작가의 〈이말년 시리즈〉가 있다. 〈마이 리틀 텔레비전〉에 출연하며 유명해졌다. 병맛 만화는 어떤 부분이 재미있는 것인지 이해가 안 된다. 독자들도 모른다. 그냥 받아들이기도 하고 억지로 의미를 부여하기도 한다. 병맛 만화를 좋아한다고 모든 병맛을 좋아하지는 않는다. 자기 코드에 맞는 만화만 본다.

B급 코드는 우아하지 않고 촌스러워야 한다. MBC 프로그램 〈놀면 뭐하니?〉에서 3인조 혼성그룹 '싹쓰리'는 이런 B급 코드를 잘

활용했다. 이효리는 예명을 '지린다'로 하려고 했다. 당황한 유재석의 중재로 '린다G'로 바꾸고 암묵적으로 성은 붙이지 않기로 합의했다. 유재석과 비는 유두래곤과 비룡이다. B급 코드는 약간 저질스러우면서도 직설적이다. 2018년 종영하기 전까지 예능 끝판왕이었던 〈무한도전〉도 B급 감성을 건드려 성공했다는 평가를 받는다.

　호불호가 갈리지만 역시 섹드립이 재미있다. 김민아 아나운서는 유튜브 채널 〈워크맨〉에 나와 똘끼와 섹드립으로 인기를 얻었다. 찜질방 알바 리뷰로 처음 등장했다. 옷을 갈아입고 오라고 하자 "바지가 없는데 바지는 안 입어요?" 하며 시작부터 당황시킨다. 이후로도 "딱 보면 청소년 같지 않아요? 없잖아요" 하며 드립을 이어간다. 엔딩을 할 때는 "씻고 가야겠다. 안 가세요? 보여줘요?" 하며 끝난다. 조회수 1천만 회를 돌파했고 아직도 〈워크맨〉 인기 동영상 상위에 있다.

병맛과 아재 개그 사이

선을 넘나드는 드립에 재미를 느끼지만 선을 넘으면 안 된다. 김민아 아나운서는 〈워크맨〉에서 아슬아슬하게 선을 타며 인기를 얻었지만 한 방송에서 선을 넘었다. 정부 유튜브 채널인 〈왓더빽 시즌

2〉에서 미성년자 학생한테 성희롱을 한 것이 논란이 되었다. "그럼 집에 혼자 있을 때 뭐 해요?", "그 에너지는 어디에 풀어요?" 하며 선을 지키지 못했다. 미성년자여서 더 욕을 먹었다. 사과문을 올렸지만 새로 진행하는 프로그램에서도 시청자들의 하차 요구가 이어졌다.

상대방이 받아들이는 선을 명확히 파악하고 지킬 수 있는 것이 아니면 차라리 안 하는 것이 좋다. 같은 말이라도 친하지 않은 사람한테 들을 때와 친한 친구에게 들을 때 다르게 느껴진다. 섹드립을 재미있어한다고 해서 함부로 쓰다가는 고소를 당할 수도 있다. 90년생끼리도 웬만큼 친한 사이가 아니면 하지 않는다. 상대가 불쾌하게 느끼면 성희롱이다. 병맛을 아재 개그와 혼동해서 분위기를 싸늘하게 만들지 않아야 한다.

아무것도 아닌 것을 굉장히 있어 보이게 하는 유형을 '쓸데없이 고퀄리티'라고 한다. 영화 〈극한직업〉에 이 모습이 잘 드러난다. 첫 번째로 수원 왕갈비 통닭을 고퀄리티로 만들었다. 잠입한 경찰이 쓸데없는 고퀄리티로 치킨집 직원으로 바뀌었다. 두 번째는 배우들의 연기력이다. 코믹한 상황인데 열연을 펼친다. 상황과 행동이 미스매치가 되면서 재미를 느낀다. 90년생이 자주 사용하는 이모티콘 중 하나로 '쓸데없이 멋진 답장'이 있다. '응, 잘 자'와 같이 일상적으로 사용하는 단어를 화려하게 꾸며놓은 것이다. 인기를 얻어 '쓸데없이 멋진 답장 2'가 나오기도 했다.

병맛을 추구하는 문화는 온라인에 국한되지 않는다. 2018년을 전후로 '쓸데없는 선물 선물하기'가 유행했다. 이름 그대로 쓸데없는 선물을 주는 것이다. 쓰레기를 주라는 것이 아니다. 돈을 주고 사는 선물이어야 한다. 막상 사면 어딘가에는 쓸모가 있다. 어느 정도의 가격대를 설정하고 그 사람에게 필요 없을 것 같은 물건을 생각한다. 선물을 받고 기뻐하면 당연히 안 된다. 재미라는 '쓸데'를 제공하면 그것은 쓸데 있는 선물이다. 이상적인 그림은 정적이다. '저따위 물건을 선물하다니' 하며 어떤 반응을 보여야 할지 모를 때가 가장 좋다.

쓸데없는 선물로 자주 나오는 물건으로 소고가 있다. 초등학생 이후 처음 보는 소고를 쓸데가 없다. 날짜 지난 달력도 인기 상품이다. 하지만 인터넷에 많이 나와서 조금 식상한 느낌이 있다. 농사 세트도 많이 생각한다. 모종삽이나 흙, 배추 씨앗을 선물한다. 여러 명이 하면 쓸데없는 선물이 모여 쓸모 있는 물건이 된다. 쓸데없는 선물 증정식이 끝나면 집에 가서 어떻게 활용할지 생각한다. 끝까지 활용법을 찾지 못하면 성공이다. 송년회처럼 특별한 이벤트로 하는 경우가 많다.

지금처럼 극단적인 병맛을 이해하지 못하는 것일 뿐 병맛 문화는 예전부터 있었다. 90년생도 병맛 문화에 적응하지 못하는 사람들이 많을 정도로 호불호가 갈리는 분야이다. 억지로 이해하려고 하지 않아도 된다. 〈무한도전〉이나 〈놀면 뭐하니?〉와 같이 B급 코드를 접목한 방송에 기성세대도 열광한다. 병맛과 아재 개그를 혼동해서 남발하지는 않기 바란다. 병맛에 거부감 있는 90년생도 많고 코드와 타이밍을 적절히 맞추기도 힘들다. 기성세대가 병맛 문화를 보고 당황하는 만큼 90년생도 아재 개그를 듣고 당황한다.

신조어 창조의
달인

신조어의 조건

신조어가 나오는 주기가 짧아지고 있다. 90년생도 다 모른다. 공통적으로 자주 쓰는 신조어도 있지만 특정 커뮤니티에서만 사용하는 신조어도 있다. 트렌드에 민감해야 하는 직종이 아니라면 굳이 알려고 하지 않아도 된다. 기껏 공부했더니 한물간 취급을 받기도 하고 분명 인터넷에서는 신조어라고 했는데 실생활에서는 안 쓰기도 한다.

줄임말은 가장 흔한 신조어 유형이다. 쌤(선생님), 방가(반가워요), 천재(천하의 재수 없는 놈) 등 예전부터 줄임말은 있었다. 많은 전문가들은 이런 성향이 극단적으로 심해지면서 단음절과 초성만을 사용하는 문화가 만들어졌다고 한다. 틀린 말은 아니지만 대부분의 신조어는 예전처럼 줄임말 형태이다. 취존(취향 존중), 케바케(케이스 바이 케이스), 자만추(자연스러운 만남 추구)와 같은 형태이다. 개수가 많아졌을 뿐이다.

친구1 : 야, 너 만반잘부가 뭔지 알아? 요즘 나오는 신조어래.

친구2 : 그게 뭔데?

친구1 : '만나서 반가워 잘 부탁해'래.

친구2 : 뭐야 그게 ㅋㅋㅋ 별다줄(별걸 다 줄이네).

주로 사용하는 초성 신조어로는 'ㅇㅈ(인정)', 'ㅈㄱㄴ(제곧내, 제목이 곧 내용)' 등이 있다. 'ㅇㅈ?(인정?)' 하고 물어보고 대답이 없으면 혼자 '어 인정' 하고 답하기도 한다. '제곧내'는 제목에 하고 싶은 말을 다 적었을 때 사용한다. 이외에도 몇 가지 더 있지만 기성세대의 생각만큼 극단적이지 않다. 유튜브에 간혹 초성만으로 대화한 내용이 무슨 뜻인지 맞히는 영상도 있다. 90년생도 그런 대화를 해석하기 쉽지 않다. 실제 그렇게 사용하지 않기 때문이다.

초성을 사용한 신조어가 이제야 나타난 것도 아니다. 'ㄱㄱ(고고)', 'ㅊㅋ(추카)', 'ㄱㅅ(감사)'와 같이 초성 신조어는 예전부터 있었다. 종류가 조금 더 많아지고 요즘 신조어를 일반화하려고 하니 그런 해석이 나온 것뿐이다. 기성세대가 최근 신조어에 더 곤혹감을 느끼는 데는 신조어를 활용한 마케팅의 영향이 크다. 2017년 말 CU편의점은 'ㅇㄱㄹㅇㅂㅂㄱ(이거레알 반박불가)'라는 이름의 쇼콜라 생크림 케이크를 출시했다. 쿠키&생크림 케이크는 'ㅇㅈ? ㅇㅇㅈ(인정? 어 인정)', 밀크캐러멜 케이크는 'ㄷㅇ? ㅇㅂㄱ(동의? 어보감)'이었다. 그것을 보고 '이제 애들이랑 대화도 안 통하는구나' 한다. 걱정하지 않아도 된다. 90년생도 길게 초성만을 쓰는 경우는 거의 없다. 상품명으로 언급된 초성들도 당시에는 많이 썼지만 지금은 거의 사용하지 않는다.

매년 신조어 테스트라고 해서 요즘 유행하는 말을 얼마나 아는지 맞혀보고는 한다. 문제 난이도는 상당히 높다. 한두 개 맞히는 사람도 있고 절반 정도 맞히는 사람도 있다. 하지만 그 문제에 나오는 단어들은 실제로 사용하지 않을 확률이 높다. 인터넷을 많이 하는 사람만 아는 단어라고 하면 그것은 신조어가 아니다. 어쨌든 언어로서 다수가 인지하고 사용해야 비로소 신조어라고 부를 수 있다. "이 단어 모른다고?" 하는 반응이 나와야 한다.

다음은 다년간 살아남아 미디어뿐 아니라 기성세대도 꽤 사용하는 줄임말 신조어다. 길거리에 지나가는 90년생에게 물어봤을 때 80%는 알고 자주 사용하는 수준이다.

꾸안꾸(꾸민 듯 안 꾸민 듯), 월루(월급 루팡), ㅇㅈ(인정), 마상(마음 상처), 최애(최고 사랑), 갑분싸(갑자기 분위기가 싸해진다), TMI(Too Much Information, 불필요한 말까지 너무 많이 하는 것), 탈룰라(의도하지 않게 부모님 욕을 하게 되었을 때), 문찐(문화 찐따), 낄껴(낄 때 껴). 그 밖에 슬세권은 역세권에서 나온 말로 슬리퍼를 신고 다닐 수 있는 거리를 말한다. 삼귀다는 '사귀다'의 전 단계로 썸을 의미한다. 혼틈은 '혼란을 틈타', 오저치고는 '오늘 저녁 치킨 고?'이다.

반대로 신조어라고 소개되지만 실제로는 안 쓰는 말들도 있다. 다수가 즐겨 사용할 정도로 대중화되지 않은 것이다. 앞에서 예로 든 만반잘부도 실제로는 사용하지 않는다. 롬곡(옾높)은 뒤집어서 읽으면 '폭풍눈물'이다. 뒤집어서 읽는 것은 채팅을 할 때 머릿속으로 그리기 어려워 흔히 사용하지 않는다.

90년생뿐 아니라 00년생을 상대로도 인터뷰한 결과 대부분이 사용하지 않고 있었다. 90년생과 00년생의 일부만이 사용하는 은어다. 아니면 어른들끼리만의 신조어일 수도 있다.

게임 용어를 가져온 경우도 많다. '뉴비'라는 단어는 게임에서 신규 유저를 지칭한다. 이제는 동호회에 막 가입한 사람이나 온라인 커뮤니티 활동을 시작하는 사람을 의미한다. 반대말로는 '고인물'이 있다. 말 그대로 너무 오래 해서 고였다는 뜻이다. '캐리'는 멱살 끌고 간다는 뜻이다. 한 사람의 뛰어난 활약으로 다른 사람들의 능력과는 무관하게 좋은 성적을 내는 것을 말한다. "내가 캐리할게(내가 다 할게)", "캐리 좀 부탁해"와 같이 사용한다.

'어그로'라는 말도 게임에서 나왔다. RPG(Roll Playing Game)는 역할 분담 게임이다. 딜러, 힐러, 탱커가 기본 구조이다. 딜러는 때리고, 힐러는 치료를 해주고, 탱커는 맞아준다. 상대가 탱커를 때리게 해야 하기 때문에 탱커에게 공격을 집중하는 것을 '어그로'라고 한다. 스킬도 '도발'처럼 자기 좀 봐달라는 식의 이름이었다. 지금은 사회에서 활발하게 사용되고 있다. 주로 관종(관심종자)이 사용한다. 자신한테 관심을 돌리기 위해 무리수를 던지는 것을 '어그로'라고 한다.

게임의 어떤 부분을 갑자기 현실과 대입해서 말할지 모른다. 게임 캐릭터가 사용하는 스킬이나 아이템 이름일 수도 있다. 90년생도 게임을 하지 않는 사람이 많다. 그런 사람들은 게임과 관련된 신조어에 취약하다. 게임을 좋아하는 사람이라도 해당 게임을 하지 않으면 알아듣기 힘들다. 자기가 말하면서도 상대가 이해하지 못할 수도 있다고 생각한다.

신조어가 유행어가 되는 조건

MBC 예능 〈놀면 뭐하니?〉에서는 주기적으로 신조어 맞히기를 한다. 참가자로 20대 초반 아이돌들도 많이 나온다. 잘 맞히는 것과 나이는 상관없다. 자신이 관심 있는 분야의 신조어만 잘 맞힌다. 격투 갤러리를 자주 보는 UFC 선수 김동현은 'ㅈㄱㄴ(제목이 곧 내용)'가 익숙하지만 다른 사람들은 맞히지 못한다. 아이돌들은 '이선 좌(이미 선택된 좌석입니다)'와 같이 티케팅에 관련된 용어들에 강하 다. 관심 없는 분야의 신조어까지 알기는 쉽지 않다.

비교적 최근에 나온 유형으로는 '야민정음'이 있다. 디시인사이드 국내 야구 갤러리에서 시작되었다. 야구 갤러리와 훈민정음을 합쳐 야민정음이라고 한다. 비슷해 보이는 자음과 모음을 바꾸어 사용하 는 경우도 있다. 강아지를 멍멍이라고 말한 지는 오래되었는데, 멍 멍이를 '댕댕이'라고 쓰는 형식이다. 언뜻 보면 '머'와 '대'가 비슷하 다. 같은 방식으로 명작을 '띵작', '귀엽다'를 '커엽다'라고 하기도 한 다. 좀 더 복잡한 것도 있지만 잘 쓰지는 않는다. 뭐든지 1절만 할 때 가장 재미있다.

팔도에서는 팔도비빔면을 '괄도네넴띤'으로 바꾸어 출시했는데, 첫날부터 품절될 정도로 인기를 끌었다. 괄도네넴띤을 조금 멀리 서 보면 팔도비빔면으로 읽을 수도 있다. 90년생은 상품 이름이지 만 괄도네넴띤도 신조어로 인정한다. 회사에서 의도적으로 만들었 다고 무조건 배제하지 않는다. 간혹 신조어 퀴즈로 나오기도 한다. 재미있었던 기억에 남는 마케팅이었다고 생각하며 넘어간다.

주변 친구들과 신조어를 숨 쉬듯 사용하는 것이 아니면 자연스

럽게 구사하기 힘들다. 국어사전에도 등재되어 있어서 사용했더
니 90년생이 못 알아듣는 경우도 있다. 실제로는 사용하지 않는 신
조어이기 때문이다. '언젯적 유행어를 쓰는 거지' 하는 반응을 보일
수도 있다. 무슨 뜻인지 알아도 현역이 사용하는 것처럼 쓰기 힘들
다. 신조어의 핵심은 문맥에 맞게 쓰는 것이다. 그러므로 깊이 알
필요는 없다. 그저 이런 신조어도 있구나 정도로 받아들이면 된다.

90년생의
나 홀로 문화

혼밥, 혼영, 혼여가 일상

뭐든지 혼자 하는 것이 편한 시대다. 아무리 잘 맞는 사람이라도 모든 취향이 같을 수 없다. 사회의 인식도 많이 변했다. 혼자 밥을 먹는 사람을 봐도 친구가 없거나 사회성이 떨어져서 그렇다는 생각을 하지 않는다. 혼자 밥을 먹는 것이 익숙해지니 영화도 혼자 본다. 혼자 하는 것에 자신감을 가지고 여행을 떠나기도 한다. 혼자 영화를 보는 것은 '혼영', 혼자 여행을 떠나는 것은 '혼여 또는 혼행'이라고 한다. 혼자 할 만한 뭔가를 추천받는 것도 흔한 문화이다.

혼자 하는 생활이 자연스러워졌다고 해도 혼자 가기 부담스러운 곳도 있다. 90년생이 모두 혼자 다니는 것을 선호하는 것도 아니다. 90년생 중에도 혼밥을 못 하는 사람들이 많다. 혼밥이 흔하지 않던 시절 '혼밥 레벨'이라는 것이 나왔다. 혼자 가서 먹고 오기 어려운 순서대로 써놓은 것이다. 사람마다 어려워하는 기준은 다르다. 혼밥이 일상이 된 지금도 친구들 사이에서 혼밥 레벨이 자주 언급된다.

LV1. 편의점에서 밥 먹기

LV2. 학생식당 또는 구내식당에서 밥 먹기

LV3. 패스트푸드점에서 세트 먹기

LV4. 분식집, 김밥천국에서 밥 먹기

LV5. 중국집, 냉면집 등 일반 음식점에서 밥 먹기

LV6. 맛집에서 밥 먹기

LV7. 패밀리 레스토랑에서 밥 먹기

LV8. 고깃집, 횟집에서 밥 먹기

LV9. 술집에서 혼자 술 먹기

90년생이 나 홀로 문화를 받아들인 데는 자존감이 큰 역할을 했다. 누군가 자신의 삶을 평가하는 것을 거부한다. 내가 좋아하고 행복하면 된다고 생각한다. 대학내일20대연구소의 조사 결과에 따르면 90년생은 사회나 타인에게 인정받는 삶의 방식보다 나에게 맞는 방식(53.6%)을 택한다고 한다. 인생의 중요한 결정을 할 때 가족이나 주변 사람들의 의견보다 자신의 만족을 우선으로 고려한다 (52.9%). 주변의 시선보다 자신을 중요시하며 혼자 시도하는 일이 많다.

90년생이 추구하는 것은 진정한 의미의 개인주의다. 나만 생각하는 이기주의와는 다르다. 내가 중요한 만큼 다른 사람도 중요하다는 것을 인정한다. 대학내일20대연구소의 다른 조사에서는 90년생의 75.2%가 타인이 싫어하는 행동을 하지 않으려고 신경 쓴다고 한다. 63.1%가 상대방에게 상처 주지 않고 불호나 거절 표현을 잘하는 방법을 배우고 싶다고도 했다. 각자의 삶을 존중하며 서로 간섭하지 않는 것을 원한다.

마블 팬인 임씨(1992년생)는 〈어벤저스 엔드게임〉이 개봉해 기대에 차 있었는데, 여자 친구는 마블 영화를 한 번도 본 적이 없다고 했다. 여자 친구와 보고 싶지만 마블의 세계관이 이어지므로 그 한 편만 재미있게 볼 리가 없다. 다른 친구들이랑 보려니 시간을 맞추기가 귀찮다. 그래서 임씨는 주말에 혼자 영화관에 가서 보고 왔다. 여자 친구이지만 취향이 다른 것을 강요할 생각이 없다. 의견 차이는 언제나 있을 수 있고 싫어하지 않는 것만 같이 해도 충분하다.

뭐든지 같이 해야 한다는 생각이 별로 없다. 집단주의에서는 반드시 소외되거나 희생되는 사람이 나온다. 단체생활에는 불가피하게 비효율이 생긴다. 이해하지 못하는 관습을 강요하니 거부감을 느낀다. 90년생은 이러한 비효율을 거절한다. 가까운 애인이나 가족이라도 나와 취향이 다르다는 것을 인정한다. 취향이 맞지 않는 영화를 함께 보기보다 혼자 가서 보고 오는 방식을 택한다.

사회복무요원 방씨(1999년생)는 지역아동센터에서 근무한다. 그는 사회복지사 자격증을 취득하기 위해 실습하러 오는 사람들이 많아 주로 실습생들과 같이 점심을 먹는다. 간혹 밥을 사주려는 사람들이 있는데, 40대, 50대 아저씨들이 많다. 하지만 방씨는 그때마다 거절한다. 내 돈 주고 사 먹는 것이 편하다. 먼저 결제를 해버리는 사람들도 있는데 그때는 현금으로 드린다. 아무 의도 없는 호의인 것은 알지만 불편함을 느낀다.

식사 후 카카오페이 송금

90년생은 더치페이가 일상이다. 식당에서 계산대 앞에 길게 줄을 서는 모습도 볼 수 있다. 맛집의 줄이 아니다. 같이 밥 먹고 각자 계산하는 것이다. 바쁜데 한 사람 한 사람 계산하는 것이 미안할 때도 있다. 어느 정도 친한 사이라면 계좌이체를 한다. 카카오페이 송금하기를 하면 수수료도 나가지 않는다. 누군가 밥을 사면 어느 정도 돌아오는 것을 기대하는 것이 사람의 심리이므로 서로 피곤

할 뿐이다. 지금 바로 얻을 수 있는 약간의 이득 때문에 개인주의를 버리지 않는다.

난이도 높은 여행도 혼자 가는 사람들이 많다. 자유여행 플랫폼 클룩(KLOOK)의 '글로벌 혼행 트렌드' 조사에 따르면 90년생 초반의 42%, 후반의 63%가 혼자 여행을 간 경험이 있다고 한다. 함께 여행하는 사람들이 많아질수록 일정 조율에 스트레스를 받는다. 누군가는 유명 여행지를 가고 싶어 하고, 누군가는 현지인들만 다니는 곳을 가고 싶어 한다. 혼자 여행을 가면 이런 스트레스에서 해방된다. 가고 싶은 곳을 마음껏 갈 수 있다. 마음에 드는 장소가 있으면 더 오래 있어도 된다. 음식도 내가 먹고 싶은 것을 먹는다. 인간관계를 신경 쓰지 않아도 된다. 약간 외로운 것만 감수하면 얻는 장점이 많다.

개인주의 성향이 강해지면서 함께 여행을 가더라도 따로 다니는 경우가 있다. 4박 5일 동안 해외여행을 떠난다면 하루 정도는 각자 원하는 곳에 가거나 원하는 것을 하면서 보낸다. 여행을 가기 전 몇 번째 날은 각자 놀자고 정해둔다. 재미있었던 장소를 다시 보러 가기도 하고 친구가 좋아하지 않아 하지 못했던 체험도 한다. 호텔 주변 카페에서 사람들을 구경해도 된다.

"누군가와 같이 여행을 가면 의견이 갈릴 때가 많잖아요. 저는 여기저기 돌아다니는 것을 좋아하고 현지 음식 먹는 것을 선호해요. 많이 돌아다니면 힘들다는 친구도 있고 현지 음식이 입에 안 맞는 친구도 많아요. 같이 다닐 때는 적당히 서로 양보하다가 혼자 다니면서 눈여겨봤던 곳을 가보는 편이에요."

혼자 여행을 즐기는 백씨(1993년생)는 특히 베트남을 자주 간다. 이번에도 베트남을 가려고 했는데 전 세계적으로 코로나19가 유행하면서 못 가게 되어서 아쉽다. 여행을 가서 무엇인가를 같이 해야 한다는 고정관념이 없다. 서로 하고 싶은 것을 하면 된다고 생각한다. 여행을 처음부터 같이 시작할 필요도 없다. 백씨는 여행을 길게 가는 것을 좋아한다. 프리랜서라 시간도 있다. 친구보다 일주일 먼저 가서 여행을 즐기다가 친구가 오기로 한 날짜에 만나서 같이 다닌다.

90년생은 개인주의를 추구한다. 내가 다른 사람을 존중하는 만큼 존중받기를 원한다. 남에게 피해를 주지 않는 한 개인의 삶을 간섭받아서는 안 된다고 생각한다. 혼밥은 일상이다. 혼자 영화를 보고 여행을 가는 것도 이상하지 않다. 무엇인가를 같이 하다가도 의견이 맞지 않으면 혼자 할 수도 있다. 다른 사람의 시선은 신경 쓰지 않는다. 나를 위한 삶을 산다. 나만을 생각하는 이기주의는 아니다. 내가 존중받고 싶은 만큼 다른 사람을 존중한다.

챌린지 콘텐츠
생산자

적극적인 따라 하기

챌린지는 최근에 나온 문화로 특정 행동을 하고 다른 사람을 지목
하면 그 사람이 같은 행동을 하고 또 다른 사람을 지목하는 것이
다. 아이스버킷 챌린지처럼 사회적 메시지를 담고 있는 경우도 많
고 그냥 재미로 하기도 한다. 마케팅에서도 이미 챌린지를 활용하
고 있고, 세계적으로는 틱톡에서 많이 사용하는 것으로 유명하다.

90년생은 인스타그램과 유튜브에서 챌린지 콘텐츠를 소비한다.
특히 우리나라에서 인기를 끈 것은 아이스버킷 챌린지, 아무 노래
챌린지, 방콕 챌린지가 있다.

우리나라에서 챌린지 문화가 뜨기 시작한 것은 2014년 아이스버

킷 챌린지부터다. 루게릭병 환자를 위한 기부 캠페인으로 시작된 아이스버킷 챌린지는 미국에서 먼저 시작되었다. 얼음물을 뒤집어 쓰는 영상을 SNS에 올리고 3명을 지목한다. 지목당한 사람은 24시간 안에 얼음물을 뒤집어쓰거나 미국 루게릭병협회에 100달러를 기부해야 한다. 연예인이나 인플루언서들은 얼음물을 뒤집어쓰고 기부까지 하는 경우가 많았다. 한동안 잠잠했다가 2018년에 좋은 취지를 잊지 말자는 의미로 '다시 아이스버킷 챌린지'를 진행하기도 했다.

가장 큰 열풍을 불러일으킨 것은 아이돌 그룹 블락비의 리더 지코가 시작한 '아무 노래 챌린지'다. 지코의 신곡 '아무 노래'에 맞춰 댄스를 추는 챌린지는 짧은 영상 위주의 플랫폼 틱톡을 중심으로 퍼져나갔다. 틱톡에서 '아무 노래 챌린지' 관련 영상 조회수는 8억 회가 넘는다. 음원 공개와 동시에 국내 최대 음원 사이트 멜론에서 1위를 했다. 미국 빌보드 월드 디지털 송 세일즈 차트 9위에 오르는 등 세계적으로도 인기를 끌었다. 이후 제시의 '눈누난나' 챌린지처럼 음원 홍보에 이용되고 있다.

온라인을 중심으로 유행하는 것을 '밈(meme)'이라고 한다. 리처드 도킨스의 《이기적 유전자》에서 파생된 말로 유전자가 살아남기 위해 복제하며 진화하는 것을 의미한다. 문화도 모방을 통해 복제한다는 의미로 '인터넷 밈'이라고 불린다. 다른 사람의 모습과 행동을 따라 하는 영상이나 사진을 올리거나 내가 올린 콘텐츠를 보고 다른 사람도 따라 하며 밈을 형성한다. 아무 노래 챌린지 전에는 가수 비의 '깡'이 있었다. 2017년 발표할 당시에는 큰 인기를 끌지 못했는데, 3년이 지난 후 한 여고생이 올린 패러디 영상으로 역주행을 시작했다. 하루에 한 번은 '깡' 뮤직비디오를 봐야 한다는 의미로 '1일 1깡'이라는 말이 유행하기도 했다.

인터넷이 발달하기 시작한 초창기에도 재미있는 사진들이 돌아다녔다. 동영상에서 특정 화면을 캡처해 사람들과 공유했는데, 내가 재미있었으니 친구에게도 보여주고 싶은 것이다. 간단한 프로그램으로 확대하거나 글을 수정하면 다른 느낌의 사진이 된다. 그 사진을 재미있게 느낀 누군가는 또 그 사진을 공유한다. 이렇게 사진이 퍼지며 조금씩 바뀌기도 하고 재탄생한다. 이런 현상을 밈이라고 부른다. '짤림방지'를 의미하는 짤과 혼용되기도 한다.

챌린지 문화의 한계

챌린지 문화는 별 의미 없이 재미로 하기도 하지만 사회적 의미를 담을 때가 많다. 90년생들도 다른 세대들처럼 코로나19로 집 밖에 나가는 것을 주의한다. SNS에서는 집 밖으로 나가기 힘든 시기에 집 안에서 놀 수 있는 다양한 방법을 공유하는 집콕 챌린지를 한다. 방탄소년단의 뷔는 "여러분 심심하면 TV와 대화하세요"라고 동영상을 올렸다. 뷔가 편한 옷을 입고 TV 앞에서 춤을 추는 영상은 공개한 지 5시간 만에 '좋아요'를 100만 개 이상 받았다.

재미있는 영상을 보면 비슷한 콘텐츠를 계속 만들어내 밈을 형성한다. 90년생은 혼자 놀 수 있는 다양한 방법을 만들어 SNS에 올린다. 비둘기가 나오는 TV를 켜놓고 빵가루를 준다. 커피를 만드는 방법이나 악기를 배우는 고전적인 영상이 올라오기도 한다. 사람들의 관심을 끌기 위해 재미있는 병맛 영상을 올린다. 해시태그는 주로 '#아무놀이 챌린지', '#집콕놀이'다. 해시태그를 검색해서 챌린지만 모아서 보기도 한다.

비슷한 캠페인으로는 '덕분에 챌린지'가 있다. 코로나19로 인해 현장에서 고생하는 의료진을 위한 것으로, 중앙재난안전대책본부가 시작했다. SNS 계정에 '#덕분에캠페인', '#덕분에챌린지', '#의료진덕분에' 3개의 해시태그를 달아 감사 표시를 담은 사진을 올리고 챌린지를 이어나갈 3명을 지목한다. 지목받은 사람은 똑같이 해시태그를 달아 감사 표시를 SNS에 올리고 다음 사람을 지목한다. 기관에서 시작한 캠페인이라 많은 유명인사들이 참여했다.

챌린지 문화를 소비하기는 하지만 소수의 인싸들이 영상을 만들고 SNS에 올린다. 애초에 SNS를 많이 하는 비중이 크지 않다. 주변의 90년생에게 챌린지 관련 얘기를 하면 적극적인 반응을 보이지 않을 것이다. 무엇인지는 알고 있지만 관심이 없거나 관심이 있어도 어쩌다 눈에 띄면 '좋아요'를 누르는 정도다. 챌린지 종류가 너무 많아서 다 알기도 힘들다. 이처럼 소수의 트렌드를 일반화하는 것은 언제나 주의해야 한다.

온라인을 중심으로 퍼지고 이름을 그럴듯하게 챌린지라고 했지만 새로운 문화라고 보기는 어렵다. 주변 사람에게 퍼뜨리는 다단계 형식의 놀이일 뿐이다. 비슷한 것으로 행운의 편지가 있었다. "이 편지는 영국에서 최초로 시작되어 지구를 한 바퀴 돌면서 많은 사람들에게 행운을 주었고……"라고 시작되는 편지를 받으면 주위 사람 7명에게 전달해야 한다. 핸드폰 게임에서 지인 추천을 하면 아이템을 주는 것과 같은 원리다. 90년생에게 챌린지에 대해 물어보면 가장 많이 보이는 반응은 다음과 같다.

"챌린지가 뭔지는 알죠. 그런데 뉴스에 나오는 것처럼 대단한 것인지는 모르겠어요. 가끔 유튜브 보다가 추천 동영상에 뜨면 보는 정도예요. 아무 노래 챌린지도 사실상 음원 광고 아니에요? 일부 인싸들의 문화라고 생각해요."

챌린지 문화의 한계점도 있다. 행동의 의미에 대한 설명이나 기부금의 활용처가 없다는 것이다. 구체적으로 어떤 일을 하는지 모른 채 그 사람들의 의견에 동의하게 된다. 아이스버킷 챌린지는 기부금을 모으는 협회가 동물 실험을 한다는 이유로 참여를 거부한 사람도 있다. 대부분은 자세한 내용을 모른 채 그저 따라 한다. 인기를 먹고사는 유명인은 이런 추세를 피하기가 더 힘들다. 누군가의 지목을 받지 않으면 소외된 사람처럼 느끼기도 한다. 챌린지는 90년생을 설명할 때 빠질 수 없는 문화이지만 당사자들은 적극적이지 않다.

90년생의
살롱 문화

끈끈한 학연, 지연을 거부하다

매년 한국의 트렌드를 연구하는 김용섭 작가의 《라이프트렌드》는 2020년 키워드를 '느슨한 연대'로 잡았다. 오늘날의 인맥은 끈끈하지 않고 부담스럽지 않은, 느슨하면서도 필요에 따른 관계라는 뜻이다. 대학내일20대연구소의 조사에 따르면 90년생의 56.2%가 정기적으로 만나는 모임보다 비정기적으로 만나는 모임을 선호한다고 한다. 63.4%가 술자리와 같은 친목 모임을 갖지 않거나 술 마시기를 강요하지 않는 모임을 선호한다고도 했다. 필요한 부분만 함께하는 가벼운 관계를 원하는 것이다.

　"느그 서장 어딨어? 어? 느그 서장 남천동 살제? 내가 인마 느그 서장이랑 인마 어저께도 같이 밥 묵고 사우나도 같이 가고! 마 다 했어!"

영화 〈범죄와의 전쟁〉에 나오는 명대사다. 한국의 전통적인 인맥은 지연, 학연, 혈연으로 이루어진다. 처음 보는 사람과 공통점을 찾기 위해 '고향이 어디냐', '학교 어디 나왔냐'고 물어본다. 성씨의 족보를 타고 올라가기도 한다. 90년생은 이해가 되지 않는다. 바로 옆집에 누가 사는지도 모르는데 지연에 대한 관념이 있을 리 없다. 학교 역시 내가 공부하고 싶은 전공이거나 성적에 맞춰서 들어간 것일 뿐이다. 각자 먹고살기 바빠 선후배를 챙길 여력이 없기도 하다.

90년생이 이런 사고방식을 가지게 된 것은 실력보다 인맥을 중요하게 생각하는 사회에 대한 저항이기도 하다. 〈범죄와의 전쟁〉의 주인공 최익현(최민식 역)은 작은 공통점을 찾고 권력자인 서장과의 친분을 내세운다. 과거 우리나라는 같은 모임에서는 모두가 똑같이 행동해야 한다는 전체주의 특성을 보였다. 내가 빠지면 불이익을 받는다는 두려움도 있었다. 이익 집단화로 인해 실제로 손해를 보기도 했을 것이다.

〈이코노믹리뷰〉의 기사에 따르면 젊은 세대일수록 종교를 거부하는 비율이 높다고 한다. 대부분의 종교가 끈끈한 연대를 추구하기 때문이다. 인맥 자체를 중요시하지 않으니 인맥을 위해 교회에 가지도 않는다. 세금에 대한 불투명성과 사업적으로 변질된 교회에 대한 거부감도 강하다. 하지만 교회가 싫은 것이지 교회를 다니는 사람을 싫어하지는 않는다. 같은 기사에서 90년생이 다른 종교를 포용하는 능력이 다른 세대보다 월등히 뛰어나다고 한다.

아직 보편화되지는 않았지만 90년생의 니즈를 저격한 상품들이 있다. 바로 '소셜 살롱'이다. 살롱은 18세기 프랑스에서 유행한 문화로 지적인 사람들의 사교 모임을 뜻한다. 정치인, 예술가, 경제적 여유가 있는 사람들이 주로 살롱에 모여 함께 책을 읽고 토론했다. 이러한 문화는 정신적인 삶을 중요시하는 계몽주의에 큰 영향을 주었다. '소셜 살롱'에는 90년생 직장인들이 많이 참여한다. 직장에서는 새로운 사람을 만날 기회가 적고, 지켜야 하는 규칙이 많은 동호회는 가입하기가 싫다. 그리고 이왕이면 지적인 모임을 찾는다.

취향 중심 네트워크

'트레바리'는 돈을 내고 참여하는 독서 모임이다. 책을 본인이 따로 사야 하고 모임에 참가하기 위해 독후감도 써서 내야 한다. 적당히 대충 쓰면 안 된다. 최소 분량을 400자로 제한한다. 가격도 모임마다 달라서 4개월에 29만 원까지 하는 경우도 있다. 얼핏 들어보면 절대 성공할 수 없을 것 같은 이 스타트업은 2019년 8월 기준 유료 회원이 5,600명을 넘었다. 소프트뱅크벤처스, 패스트인베스트먼트 등에서 50억 원을 투자받기도 했다. 돈을 내고서라도 어느 정도 연대가 필요한 니즈를 잘 공략했다는 평을 받는다.

문화체육관광부의 '2019년 국민도서 실태조사'에 따르면 한국 성인의 연간 평균 독서량은 7.5권이라고 한다. 2017년 조사에서는 9.4권으로 1.9권 줄어들었다. 실제 주변을 보면 독서를 주기적으로 하는 사람이 많지 않다. 하지만 독서가 좋다는 데는 아무도 반박하지 않는다. 가장 만만한 자기계발 수단이라고 생각한다. 트레바리는 일종의 학원 시스템을 가지고 있다. "아, 운동해야 되는데" 하면서 하지 않는 친구에게 일단 헬스장을 끊으라고 하는 것처럼 일단 트레바리에 돈을 내야 한다. 모임에 참가하기 위해서는 독후감을 써야 하고 시간을 투자해야 한다. 강제로 독서를 할 수 있게 도와주는 시스템이다.

트레바리가 독서라는 콘텐츠를 가진 '소셜 살롱'이라면 '취향관'은 장소를 중심으로 모이는 '소셜 살롱'이다. 취향관에서는 이름, 나이, 학력, 직장을 묻지 않는다. 이야기 주제에만 집중하기 위해서다. 일정 기간의 멤버십을 가입해야 참가할 수 있다. 멤버십 기간에 취향관의 공간과 프로그램을 사용할 수 있다. 취향관 운영자 고지현 씨는 "취향관은 대화를 나누고 영감을 교환하는 회원제 사교 클럽이다"라고 한다. 기본적으로 사교 클럽이기 때문에 다른 회원에게 말을 걸 수도 있다.

트레바리와 취향관 외에도 비슷한 '소셜 살롱'이 늘어나고 있다. 문화 토론을 의미하는 '문토'는 요리·음악·영화 등 다양한 주제로 토론을 하고 고민을 나눈다. 특정 분야의 사람들을 위한 살롱이 열리기도 한다. '안전가옥'은 SF, 판타지와 같은 장르문학 창작자 중심의 살롱이다. 살롱 문화가 발달하고 있지만 아직은 대세라고 할 수는 없다. 소셜 살롱에 한 번도 가보지 않은 90년생이 더 많다. 이게 무엇인지도 모르는 사람이 대다수다. 새로운 유형의 커뮤니티가 생겼다는 정도로 받아들이면 된다.

새로운 취향 중심의 관계가 뜨는 만큼 전통적인 관계는 줄어들고 있다. 〈동아비즈니스리뷰〉의 조사에 따르면 동창 모임 참석이 증가했다는 응답은 6.6%에 불과한 반면 감소했다는 응답은 52.1%에 달했다. 동창들에게는 그냥 '바빠서' 참석하지 않는다고 하지만 실제로는 감정노동을 하기 싫어서 그렇다는 분석이다. '사람들을 만나 감정노동을 하는 것 자체가 귀찮다'는 응답이 13.0%, '나와 잘 맞지 않는 사람들이 많아서'라는 응답이 11.8%, '친하지도 않던 사람이 친한 척하는 게 싫어서'라는 응답은 11.8%였다.

전통적인 관계에 지친 것은 90년생이 아니라 기성세대이다. 취향 위주의 모임인 소셜 살롱에는 2030세대뿐 아니라 40대 이상도 많다. 특정 연령대만 이용하는 서비스가 아니다. 비교적 비싼 가격도 아직 대학생이거나 사회 초년생인 90년생에게는 부담스럽다. 동창회도 마찬가지다. 90년생이라면 동창회가 아니면 못 만날 나이가 아니다. 멀리 이사를 가지 않는 한 편한 동친(동네 친구)으로 자주 만난다. 자기가 어렸을 때와 다른 모습을 보인다고 세대가 바뀌었다고 생각하면 안 된다. 사회 전체가 바뀐 것이고 스스로 인식하지 못하는 사이에 가치관의 변화가 생긴 것이다.

전통적인 관계에 피로감을 느끼는 것이지 고립되기를 원하지는 않는다. 사회적인 동물인 인간은 혼자 살아가기 어렵다. 회사든 종교든 새로운 관계의 정착이 필요하다. 호기심에 한번 갔는데 계속 나오라고 전화하는 예전 방식의 전도는 거부감만 심해진다.

다양성을 존중하는 90년생은 느슨한 관계가 보장되면 쉽게 시도한다. 끈끈한 연대를 통해 잡아두려고 하기보다 경험의 질을 높여야 한다. 정도는 다르지만 기성세대도 비슷한 성향을 보이고 있다.

90년생이 결혼 생각 없는
진짜 이유

무너진 결혼관, 자녀관

지금은 비혼주의나 딩크족을 이상하게 여기는 시대가 아니다. 아직 다수를 차지하지는 않지만 비혼주의라고 하면 "아, 그래?" 정도로 받아들인다. 비혼주의자는 말 그대로 연애는 하지만 결혼은 하지 않는 사람이다. 딩크(DINK)족은 'Double Income, No Kids'의 약자로 '아이를 갖지 않는 맞벌이 부부'를 말한다. 동거에 대한 인식도 크게 달라져 결혼 문화도 점차 유럽을 따라갈 것으로 보인다.

통계청에 따르면 1980년생이 20대일 때 '결혼을 해야 한다 혹은 하는 것이 좋다'고 응답한 남성은 71.9%, 여성은 52.9%였다. 10년이 지나 1990년생에게 같은 질문을 했을 때 남성 40.6%, 여성 26.3%로 떨어졌다. 결혼을 좋지 않게 여기는 사고방식이 남녀 모두에서 급격하게 늘어났다. 평균적으로 90년생의 절반 이상이 결혼에 부정적이다. 출산장려정책을 펼치고 신혼부부를 위한 지원을 과감하게 펼치지만 기본 인식을 바꾸는 데는 실패했다.

기성세대는 90년생에게 결혼의 장점을 어필하지 못했다. 결혼에 대한 환상을 한 번도 가져보지 않은 사람이 있을까? 극소수일 것이다. 환상은 환상일 뿐이고 현실적인 문제를 고민해야 한다. 결혼은 인생을 크게 바꾸는 중요한 결정이다. 결혼을 하면 필요한 돈의 단위부터 다르다. 상대 가족도 챙겨야 하고 나를 위해 쓸 수 있는 시간이 줄어든다. 90년생에게 결혼은 당연히 해야 하는 것이 아니다. 주위에 행복하게 사는 롤모델을 보고 나도 그렇게 살 수 있을지 비교한다. 회의적이라면 결혼을 하지 않겠다고 생각한다.

낮은 혼인율과 출산율을 청년의 책임으로 돌리는 기성세대들이 있다. 그런데 정작 기성세대들도 결혼을 부정적으로 생각하고 있다. 최근의 이혼 건수가 이를 보여준다. 통계청 조사에 따르면 이혼 건수는 2017년 10만 6천 건, 2018년 10만 9천 건, 2019년 11만 1천 건이었다. 2017년 이전에 줄어드는 추세를 보이기는 했지만 급격한 상승에 대한 반발 효과로 보인다. 1990년에는 4만 5700건으로 절반 수준이었다. 이제 결혼하기 시작한 90년생이 많이 포함되어 있다고 보기 어렵다. 기성세대의 통계라는 뜻이다. 결혼을 기피하는 것이 사회 전체의 변화이지 청년들의 문제가 아니다.

결혼율과 경제력의 연관성을 말하는 사람들도 있다. 한국보건사회연구원의 '청년층 주거 특성과 결혼 간의 연관성 연구 보고서'에 따르면 미혼 남성의 60.8%가 결혼하려면 본인의 소득이 300만 원 이상이어야 한다고 답했다. 여성도 74.2%가 배우자의 소득이 300만 원 이상이어야 한다고 답한 것으로 보아 공감대를 형성하고 있는 것으로 보인다. 그런데 혼인율 하락의 원인을 경제력에서만 찾을 수는 없다. 평균 소득이 떨어진 것 이상으로 혼인율은 더 급격하게 떨어지고 있다. 경제력 문제는 일부에 불과하다. 어느 세대나 잘사는 사람이 있고 못사는 사람이 있다. 예전부터 경제력이 높은 사람들의 혼인율이 더 높았다. 지금 혼인율이 떨어지는 것은 경제력보다 결혼관 자체의 변화에서 찾아야 한다.

기성세대에게 결혼해야 하는 이유를 물으면 명확한 답이 나오지 않는다. 가장 많은 대답은 노년에 외롭다는 것이다. 90년생의 특징 중 하나는 현재에 집중하는 것이다. 90년생에게 노년은 너무 멀다. 그때까지 살 수 있을지도 모른다. 갑작스러운 사고로 죽을 수도 있다. 결혼에 투자할 돈으로 할 수 있는 것들이 너무 많다. 노년에 외롭지 않게 딩크족으로 살아도 된다. 정작 그때가 되면 어떤 형식으로든 외롭지 않을 방법이 있을 것 같다.

아이가 살기에 가혹한 사회

혼인율에 관심을 가지는 것은 출산율과 비례하기 때문이다. 통계청의 '2018년 출생·사망 통계 잠정 결과'에 따르면 2018년 한국의 출산율은 0.98명이다. 처음으로 1명 선이 무너졌다. 두 사람이 결혼하기 때문에 출산율이 2.0은 되어야 인구수를 유지할 수 있다. 이론적으로 한 세대를 거치면 인구수가 절반 이하로 줄어든다. 이러다가는 우리나라 인구가 없어진다는 말이 나온 지 10년도 넘었지만 해결될 기미가 보이지 않는다.

저출산을 국가적 재난이라고 생각하면서 해외로 입양을 보내고 있다. 우리나라는 2017년에 중국, 에티오피아 다음으로 많은 아이들을 미국에 입양 보냈다. GDP가 낮은 국가들이 상위권을 차지하는 가운데 당당히 3등을 차지했다. 미국뿐 아니라 캐나다, 호주 등으로도 보내고 있다. 2017년 전체 입양아의 절반 가까이 해외로 보내졌다. 출산은 장려하지만 책임은 지지 않으려는 태도이다. 국가 전체가 아직은 위기의식을 덜 느끼는 것으로 보인다.

노키즈 존이 생기는 것처럼 아이에 대한 인식도 바뀌고 있다. 누구나 아이를 갖던 시절에는 아이의 당연한 특성을 존중하는 문화가 있었다. 공공장소에서 조금 시끄럽게 해도 아이들은 으레 그런 것이라고 받아들였다. 나중에 내 아이가 받을 배려를 기대하며 지금 다른 아이들을 배려하는 것이다. 아이를 갖는 것이 당연하지 않은 지금은 성인과 비슷한 수준의 예의를 요구한다. 나에게 돌아올 배려가 없으니 지금 굳이 배려할 필요가 없다. 아이가 살기에는 더 가혹한 사회가 되었다.

단일민족이라는 개념도 점차 흐려지고 있다. 90년생도 이미 외국인과의 교류에 익숙하다. 통계청에서 발표한 전체 혼인 수에서 외국인과의 혼인 비중은 8.8%로 계속 늘어나고 있다. 민족주의 정서가 강했던 독일도 세계화 흐름을 거스르지 못했다. 지금도 한국에 체류 중인 외국인 비율이 전체 인구의 5%에 달한다. 단일민족이라는 자부심으로 끈끈한 연대를 좇는 것은 과거 흥선대원군의 쇄국정책처럼 실패한 결과를 낳을 수 있다.

기존의 결혼관이 무너지면서 반대로 동거에 대한 인식은 좋아지고 있다. "우리나라는 혈연 중심의 사회이기 때문에 유럽처럼 될 수 없다"고 한다면 시대의 흐름을 못 읽는 것이다. 유럽도 불과 20년 전까지만 해도 우리나라와 크게 다르지 않았다. 20년이라는 짧은 시간에 사람들의 인식이 바뀌었다. 통계청에서 만 13세 이상을 대상으로 실시한 '2018년 사회 조사'에서는 56.4%가 '결혼을 하지 않더라도 같이 살 수 있다'고 응답했다. 유럽과 비슷한 인식을 보인다.

90년생 이하의 세대는 결혼에 대해 부정적인 생각이 더 강하다. 대학내일의 설문조사에 따르면 1996년생 이하인 Z세대 31명에게 '결혼을 해야 한다고 생각하는가?'라는 질문에 26명이 '그렇지 않다'고 답했다고 한다. 그렇다고 생각한 5명 중 2명은 90년생이었다. 90년생의 절반 이상이 부정적인 입장을 보인다면 이후 세대는 대부분 그렇게 생각하고 있다는 것이다. 80년생과 90년생의 결혼관 차이가 급격하게 달라진 만큼 90년생과 00년생의 차이도 크다.

90년생에게 비혼주의나 딩크족은 인터넷에서나 보던 단어가 아니다. 주변을 둘러보면 쉽게 찾을 수 있다. 지금의 결혼 문화가 잘못되었다는 데는 00년생부터 기성세대까지 모두 공감하고 있다. 00년생은 더 부정적인 응답으로, 기성세대는 늘어나는 이혼율로 알 수 있다. 이제 유럽처럼 동거를 인정하고 다양한 문화를 받아들여야 한다.

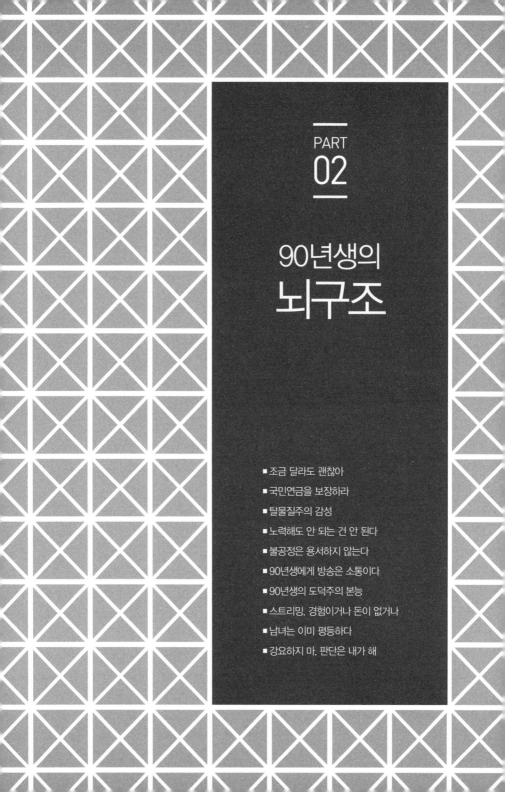

PART
02

90년생의
뇌구조

- 조금 달라도 괜찮아
- 국민연금을 보장하라
- 탈물질주의 감성
- 노력해도 안 되는 건 안 된다
- 불공정은 용서하지 않는다
- 90년생에게 방송은 소통이다
- 90년생의 도덕주의 본능
- 스트리밍, 경험이거나 돈이 없거나
- 남녀는 이미 평등하다
- 강요하지 마, 판단은 내가 해

조금 달라도
괜찮아

타인의 취향 존중

더 이상 목소리가 큰 사람이 이기는 시대가 아니다. 스마트폰으로 인터넷을 검색하면 정답을 쉽게 알 수 있다. 정답이 없는 문제라면 각자의 입장을 받아들인다. 인터넷에는 하나의 주제에 대해 수많은 주장들이 있다. 90년생들은 온라인으로 다양한 주장을 접했고 학교에서는 토론 문화에 익숙하다. 직업에 대한 편견도 많이 줄어들었다. 조금 특이한 직업을 봐도 '특이한 일을 하네' 정도로 받아들인다.

조선시대 황희 정승 댁에 두 하인이 다툼을 하였는데, 그중 한 하인이 황희 정승을 찾아가 억울함을 호소했다. 황희 정승은 이야기를 들고 이렇게 말했다. "네가 옳구나." 다른 하인도 황희 정승에게 나름대로 억울한 사정을 호소했다. 그러자 황희 정승은 이렇게 말했다. "너도 옳구나." 이 광경을 곁에서 보고 있던 부인이 왜 두 사람 모두 맞다고 하느냐고 물었다. 이에 대해 황희 정승은 다음과 같은 대답을 했다. "듣고 보니 당신 말도 맞구려."

디지털 네이티브가 황희 정승의 말을 재해석한 댓글이 있다. 의견이 엇갈리는 얘기를 할 때 자주 나온다. 'A'가 맞다고 생각하는 사람은 정상, 틀리다고 생각하는 사람도 정상, 하지만 틀렸다고 조롱하거나 비난하는 사람은 비정상이라는 것이다. 다른 사람을 존중하는 것은 모든 세대가 공통으로 가져야 하는 자세이다. 어떻게 생각하든 어떤 면에서 보면 정답이다. 양쪽의 입장 모두 근거가 있다. 여기에서 끝내야 한다. 자기 의견을 남에게 강요하는 것이 틀린 것이다.

온라인에는 현실보다 다양한 사람들이 많다. 사람들의 관심을 끄는 특이한 사례들을 어떻게 대해야 하는지, 어떤 글과 댓글이 사람들의 호응을 얻고 비난을 받는지 알게 된다. 자기 의견을 강요하면 어느 커뮤니티에서든 비난받는다. 어떤 행동을 하든 자유이지만 다른 사람을 통제하려 해서는 안 된다. 온라인 활동을 하면서 세상에는 다양한 의견이 있다는 것을 깨닫는다. 내 의견도 많은 의견 중 하나라는 사실도 받아들이게 된다.

90년생만이 아니라 사회 전체가 다양성을 인정하고 있다. 온라인 리서치 기업 마크로밀엠브레인(embrain.com)의 '2018년 취향에 대한 인식 조사'에 따르면 '개인의 취향은 존중돼야 한다'는 응답이 93.9%였다. 사람들은 개인의 취향을 중시하는 것이 하나의 트렌드가 되었다고 생각했으며(82.8%), 지극히 개인적인 취향을 겨냥한 서비스나 상품이 많다고 체감했다(78.1%). 많은 사람들이 자신의 호불호를 분명하게 드러낸다고 이야기했으며(57.4%), 다양한 취향이 드러나는 것은 사회 전체적으로 봤을 때 의미 있는 일로 받아들이고 있었다(80.3%).

삶은 선택, 꼭 해야 하는 건 없다

"나와 타인이 다름을 인정하고 정상, 비정상을 구분 짓지 않으며 그 사람을 있는 그대로 존중하는 태도가 필요해요. 고정관념을 허물고 차이를 받아들이는 연습을 해야 합니다. 다른 사람과의 차이를 존중하는 다양성을 배우는 것이 대학과 대학생이 추구해야 하는 방향이죠."

'소셜밸류커넥트(SOVAC) 2020'에 나온 인터뷰 내용이다. 소셜밸류커넥트는 각자의 자리에서 다양한 방식으로 사회적 가치를 실현하는 MZ세대 대학생들의 이야기를 들려준다. 고려대학교 미디어

학부에서 인터뷰를 모아 유튜브에 올렸다. 세간에 알려진 90년생의 특징도 잘 설명하고 있다. 위 인터뷰를 한 사람은 다양성이 존중받는 사회를 만들기 위한 프로젝트를 실행 중이다. 다양성을 인정하는 것이 중요하고 그러한 인식이 필요하다는 공감대가 형성되어 있다.

90년생은 토론 문화에 익숙하다. 주입식 교육에 대한 비판이 아직 많지만 의견 표출이 비교적 자유로운 환경에서 자랐다. 정답을 찾기 위해 토론을 하는 것이 아니다. 서로의 의견을 맞춰가는 과정이다. 정답이 정해져 있다면 인터넷을 찾아보면 된다. 갈등이 생기는 것은 대부분 정답이 없기 때문이다. 자기 의견만이 옳다고 주장하면 토론은 이어질 수 없다. 다른 사람의 의견을 받아들이고 토론을 하다가 생각이 변하기도 한다.

다양성을 받아들이는 만큼 직업에 대한 가치관도 바뀌고 있다. 스스로가 만족하면 좋은 직업이라는 생각이다. 사회가 정해둔 서열에 따라갈 필요가 없다. 《저 청소일 하는데요?》를 쓴 김예지 작가는 실제로 청소일을 한다. 김예지 작가는 자기 직업을 특별하게 생각하지 않았으면 한다. 소득이 나쁘지 않은 괜찮은 직업일 뿐이다. 다른 직업들과 다르지 않은 평범한 직업으로 대해줬으면 한다. "조금 다르게 살아보니 행복합니다. 그래서 말인데 좀 다르면 안 되나요?"라는 말에서 작가의 가치관이 보인다.

유튜브 채널 '20대 버스 기사 이야기'는 군대를 전역하고 바로 버스 기사로 일하는 사람의 브이로그다. 그는 급여에 만족하고 하는 일에 자부심도 느낀다. 돈을 모으기 위해 고시원에 살 때부터 원룸으로 이사하는 과정까지 나온다. 90년생은 청소일이나 버스 운전을 나와 다른 삶 정도로 생각한다. 의사나 변호사 같은 직업을 대단하다고 생각하지만 거기까지다. 직업마다 각자의 고충이 있고 장점이 있다는 사실을 받아들인다.

90년생에게 반드시 해야 하는 절대적인 것은 없다. 2018년 대학내일의 조사에 따르면 19세부터 34세 사이의 응답자 중 65.1%는 '대학을 가지 않아도 된다'고 답변했다. 61.4%는 '결혼을 하지 않아도 된다', 60.0%는 '출산을 하지 않아도 된다'고 응답했다. 대학이나 출산뿐 아니라 무엇인가를 꼭 해야 한다는 관념이 없다. 태어난 김에 살고 있는데 싫은 일을 억지로 할 필요성을 느끼지 못한다. 대학이든 결혼이든 수많은 선택 중 하나로 인식한다.

국민연금을
보장하라

60세에 고갈되는 국민연금

국민연금은 일종의 사회보장제도로 안정적인 노년 생활을 위한 최소한의 장치다. 90년생은 이러한 국민연금을 세금이라고 생각하며 불만을 가지고 있다. 자신들이 노년이 되었을 때까지 국민연금이 유지될지에 대한 불신 때문이다. 내야 하는 돈은 계속 늘어나고 받을 수 있는 돈은 줄어들면서 세대 간 공정성 문제를 제기하기도 한다. '그래도 정부에서 주도하는 것인데 낸 만큼은 주겠지' 하면서도 마음 한편에 불안감을 떨치지 못한다.

국민연금은 1988년 10명 이상의 사업장을 대상으로 시작되었다. 이후 5인 이상 사업장, 농어촌 지역으로 점차 범위가 확대되었다.

2003년에 당연적용사업장의 범위를 1명 이상으로 지정하고 일용직 근로자도 연금 대상에 포함했다. 별도의 연금 체제가 있는 공무원, 교직원, 군인, 별정우체국 직원을 제외한 모두가 국민연금 대상이다. 규모가 크다 보니 가입자가 2천만 명이 넘어가고 운용 금액은 2020년 기준 약 730조 원에 이른다.

연금 구조는 가입자가 손해 볼 수 없게 되어 있으며, 크게 노령연금, 장애연금, 유족연금으로 나뉜다. 노령연금은 일반적으로 생각하는 국민연금을 말한다. 10년 이상 국민연금에 가입한 사람을 대상으로 60세부터 생존 기간 동안 지급된다. 가입 기간 중 질병이나 부상으로 인해 장애가 발생했을 시 '장애연금'을 지급한다. 연금 수급권자가 사망하면 '유족연금'을 유족에게 지급한다. 조건을 충족하지 못하더라도 반환일시금과 사망일시금 제도가 있어 돌려받을 수 있는 안전장치가 있다.

가장 두려운 문제는 기금 고갈이다. 개인이 절대 손해 보지 않게 만들다 보니 비용이 많이 든다. 국가에서 시행하는 제도인 만큼 보험회사처럼 개인을 상대로 소송을 하는 등 주지 않으려고 하지도 않는다. 국민연금재정추계위원회에 따르면 2057년에 국민연금이 고갈된다고 한다. 90년생이 60대가 되는 시점과 일치한다. 이마저도 합계 출산율을 1.0으로 계산한 결과이다. 합계 출산율이 1 이하가 된다고 했을 때는 3년 빠른 2054년에 고갈된다는 계산이다.

기금 고갈을 막기 위한 노력은 오래전부터 지속해왔다. 수급하는 나이가 65세로 늘어나고 현재 9%인 부담률을 늘려야 한다는 주장이 계속 나오고 있다. 개선이 필요하다는 공감대는 있지만 쉽게 시행하지 못하고 있다. 5년마다 재계산을 하며 고갈 가능성을 최소화하려 하지만 고갈 시점만 앞당겨지는 것이 현실이다. 남는 선택지는 2가지다. 돈을 지급하지 못하거나 90년생의 자녀 세대에게 더 많은 부담을 지우는 것이다.

연금 개편 문제에서 90년생은 극한의 이기주의를 보여준다. 이들은 국민연금을 현실적으로 개편해달라고 요구하지 않았다. '국민연금 지급을 국가가 명문화하라'고 요구했다. 실제로 문재인 대통령은 이를 받아들여 명문화할 것을 지시했다. 약간의 수정 후 명문화될 것으로 보인다. 이전 세대들만큼 이익을 보지는 못하겠지만 지금만큼만 유지해도 90년생은 상당한 이득을 얻는다. 국민연금의 규모는 너무 커져서 없앨 수는 없다. 당장 내 돈을 더 내기는 싫으니 차라리 다음 세대에 부담을 주는 방식을 선택했다.

두 번째 문제는 세대 간 형평성이다. 국민연금연구원에 따르면 1928년생 여성의 수익비는 72였다. 낸 돈의 72배를 가져간다는 뜻이다. 1990년생의 경우 여성은 3.14배, 남성은 1.62배라고 한다. 물가상승률을 고려하지 않은 결과이지만 확연한 차이가 난다. 수급 연령이 증가하고 부담률이 늘어나면 차이가 더 벌어질 것이다.

기금이 고갈되고 있다는 것은 국민연금이 지급되고 있다는 뜻이다. 낸 만큼 가져가는 구조라면 줄어들 일이 없다.("지금 가입하거나, 젊은 세대는 앞서 가입한 세대보다 연금 수령액이 적다?", 이재호, 〈국민연금공단 블로그〉, 2020. 1. 16.)

노후 대비를 할 돈이 없다

운용 자금이 크다 보니 국민연금이 기관투자가로 대형 주식을 위주로 모으며 대부분의 국내 기업에 대주주로 있다. 회사에서 어느 쪽에 서는지에 따라 결과가 바뀔 정도의 영향력을 행사할 수 있다. 국가기관이라는 이유로 의결권을 거의 행사하지 않다가 재계를 견제하는 용도로 사용된 것이 대한항공 주주총회에서 조양호 회장의 연임을 부결시킨 사례이다.

2020년 3월 11일 세계보건기구(WHO)는 코로나19 팬데믹을 선언했다. 모든 나라의 주식이 폭락했다. 2100 전후를 오가던 코스피 지수도 1500 아래로 떨어졌다. 하루 8% 이상 하락하며 매매를 정지하는 서킷브레이커가 발동하기도 했다. 급격히 하락하다 상승 전환을 했는데 주체는 연기금의 매수였다. 우리나라의 다른 금융기관과 외국인 세력이 모두 매도를 하고 있을 때 매수하여 주가를 방어했다.

결론적으로는 최선의 선택이었다. 다른 나라에 비해 주가를 잘 방어했고 코스피 지수도 급격하게 오르고 있다. 공포에 매수하는 것은 주식 투자의 기본이다. 그런데 단순한 투자 개념으로 보이지 않는다. 일반적으로 불안정한 국면에서 기관투자가는 매도를 한다. 대량 매수 이후 추세가 전환되기 전까지 연기금은 소극적인 모습을 보였다. 매수를 한 데는 연기금의 자체 의지가 아닌 다른 세력이 개입했음을 알 수 있다. 2020년 3월 13일 주식이 크게 하락할 때 국민연금이 3천억 원을 매수하여 주가를 방어했다. 폭락장에서 대규모 매수를 하는 것은 일반적인 기관투자가의 모습이 아니다. 13일 이후에는 계속해서 매수하지 않는 것을 보면 외부 압력을 받은 것이 아닌가 의심이 든다.

박근혜 대통령의 직권남용이 문제가 되었을 때 논란의 중심에 국민연금이 있었다. 삼성물산과 제일모직의 합병에 찬성표를 던져 큰 손해가 난 것이다. 〈파이낸셜리뷰〉에 따르면 2018년 11월 기준 7492억 원의 평가 손실이 있었다고 한다. 삼성물산의 지분 3분의 1을 가진 외국인 투자자들이 반대했다는 사실은 의혹에 기름을 부었다. 이후 투표 결과에 다양한 견해가 있지만 문제는 논란이 되었다는 사실 자체다. 국민들이 국민연금의 투명성에 대해 의문을 품게 되었다는 것이다.

90년생이 국민연금에 부정적인 것은 미래보다 현재에 집중하는 성향이 강한 탓이다. 보험연구원의 조사에 따르면 1980년생에 비해 1990년생의 보험 가입률이 약 10% 줄어들었다. 보험과 연금은 미래를 대비하는 수단이라는 점에서 비슷하다. 노후를 대비하는 것이 연금이고 불확실성을 대비하는 것이 보험이다. 90년생은 일어날지 안 일어날지 모르는 미래에 투자하려고 하지 않는다.

국민연금에 부정적인 이유는 단순히 '가난해서'이기도 하다. 젊을수록 가난한 것은 당연하다. 경제활동을 오래 하면 평균적으로 모으는 돈이 많아진다. 연봉이 높은 대기업에 입사했다고 해도 아직 목돈이 쌓일 나이가 아니다. 부자들에게 10만 원과 가난한 사람에게 10만 원은 다른 무게이다. 한푼이 아쉬우면 돈이 어디서 새어 나가는지 찾아보게 된다. 급여명세서에서 빠져나가는 국민연금이 아쉽게 느껴진다. 나중은 나중이고 일단은 국민연금을 내는 그 돈이 내 통장에 찍혔으면 한다.

탈물질주의 감성

레트로 문화에 젖어드는 이유

탈물질주의는 경제적 물질적 안정을 중요시하는 것에서 벗어나 개인의 자유, 자기표현, 삶의 질과 같은 비물질적 가치관을 추구하는 것이다. 개발도상국은 물질주의를 좇으며 돈과 안전, 소유를 선호한다. 선진국이 되면서 사람들의 가치관이 자연스럽게 바뀌어 점점 비물질적인 가치를 중요하게 생각한다.

미국 미시간 대학교 로널드 잉글하트(Ronald Inglehart) 교수는 탈물질주의 사회로 가기 위한 기본 조건은 경제 발전 등의 물질적 풍요라고 했다. 그는 물질주의에서 탈물질주의로 가는 과정을 '조용한 혁명'이라고 했다. 산업화된 나라의 대부분이 '전통적 가치'에서

'비종교적이고 이성적 가치'로 무게중심이 이동한다고 한다. 최소한의 경제적 육체적 안정을 갖추고 나면 사랑과 존경에 대한 욕구가 점차 뚜렷해진다. 그다음 지적 심미적 만족이 중요성을 갖는다.

고려대학교 심리학과 박선웅 교수는 심리학 매체 〈내 삶의 심리학 mind〉에서 물질주의가 정신 건강에 해롭다고 한다. 물질주의가 강한 사람은 자신의 삶에 만족하지 못하고, 자존감은 낮고, 우울 증세를 보이며, 외로움을 많이 탄다는 것이다. 자신의 존재에 대한 불확실성에서 벗어나고자 물질을 추구하지만 결국 더 깊은 늪 속으로 빠져들게 된다. 물질주의를 극복하기 위해서는 자신에게 의미 있는 일이 무엇인지 알아야 한다. 그 이해를 바탕으로 정체성을 확립하면 존재의 확실성을 찾을 수 있다.

경제 성장 정도를 보면 우리나라의 탈물질주의는 느리게 진행되고 있다. 사회과학자들의 학술 프로젝트인 '세계 가치관 조사'에 의하면 한국의 탈물질주의자 비율은 14%다. 미국, 일본과 같은 선진국이 45% 수준인 것에 비해 매우 낮다. 급격한 경제 성장을 사회의식이 따라가지 못하는 모습이다. 서울대학교 장덕진 교수는 "한국인의 가치관은 1980년대 물질주의에 고스란히 머물러 있다. '이제 조금 내려놔도 괜찮다'는 메시지를 던질 때"라고 했다. 오히려 90년생은 선진국에서 자라서 선진국의 특성을 더 잘 보인다.

같은 조사에서 젊은 세대일수록 탈물질주의를 추구하는 경향이 강하다는 결과가 나왔다. 복고풍이라고도 하는 레트로는 이런 성향을 보여준다. 휴일에 익선동, 성북동 등 과거의 모습이 남아 있는 골목을 찾아 화려한 건물들로 뒤덮인 도시와 다른 매력을 느낀다. 전주 한옥마을은 꾸준히 인기 데이트 장소이다. 그냥 낡은 것이 아니라 레트로 콘셉트로 리모델링을 해서 촌스럽지 않다. 과거에 머물러 있는 듯한 공간에서 복잡한 생각을 날릴 수 있다.

여유를 중요하게 여기면서 여행 트렌드도 바뀌고 있다. 최근 유행하는 여행은 '한 달 살기'다. 빠듯한 일정을 소화하며 유명 여행지를 돌아다니는 기존의 여행과 반대다. 한곳에서 한 달 동안 살면서 그곳의 문화를 이해한다. 현지인의 라이프 스타일을 생생하게 느낄 수 있다. 관광지도 좋지만 현지인이 자주 다니는 곳 위주로 둘러본다. 여건에 따라 짧게는 2주부터 길게는 1년까지 살기도 한다. 숙소는 주로 에어비앤비를 이용해 보통 사람들이 사는 집에서 보통 사람들처럼 산다.

단순히 현지를 체험하는 것을 넘어 도움을 주려고 하는 것을 '공정여행'이라고 한다. 공정여행을 내세운 트래블러스맵의 변형석 대표는 "공정여행은 다른 게 아니라 지역민들의 삶을 조심스럽게 존중하면서 예의 바르게 여행하고 즐기는 것"이라고 말한다. 여행을 하면 문화적인 차이 때문에 사람들에게 피해를 줄 수가 있다. 트래블러스맵은 자신도 모르게 현지인들에게 피해를 주는 것을 방지하고, 여행 경비가 현지를 위해 쓰일 수 있는 시스템을 갖춘다.

치열한 삶을 내려놓다

대학내일에 따르면 90년생의 35.0%가 유명 관광지보다는 상대적으로 덜 개발된 지방의 소도시들을 여행하고 싶어 하는 것으로 드러났다. 여행 버킷 리스트로 '잘 알려지지 않은 거리를 여행하고 싶다'(35.0%), '독특한 길거리 음식을 맛보고 싶다'(33.0%), '새로운 언어와 기술 배우기'(33.0%)를 꼽았다. 통일된 일정을 소화하는 패키지 여행을 선호하지 않는다. 남들이 가본 유명 음식점보다 현지인들이 즐겨 찾는 음식점에서 그곳만의 문화를 체험하고 싶어 한다.

2019년 〈중앙일보〉의 조사에 따르면 대한민국 국민이 가장 살고 싶어 하는 곳 1위는 강남구였다. 자본주의 사회에서 강남이 1등을 한 것은 당연하다. 하지만 뒤이어 서귀포시, 제주시가 2위와 3위를 차지했다. 새로운 라이프스타일을 좇는 사람들이 그만큼 많아졌다는 것이다. 대기업이 키운 산업도시는 재미가 없다. 그 도시만의 매력이 있어야 한다. 서울과 제주도는 우리나라에서 가장 매력적인 도시다. 서울은 엔터테인먼트 중심지이며, 제주는 이국적인 매력이 있는 곳이다.

드라마 〈스카이 캐슬〉은 물질주의에서 탈물질주의로 가는 과정을 잘 보여준다. 스카이 캐슬은 의사나 변호사 같은 고소득 직종 자녀들의 입시 이야기다. 생명을 살리기 위한 의사의 직업적 사명감 따위는 나오지 않는다. 어떤 위치에 있는지, 얼마를 버는지에만 관심이 있다. 고위직에 있는 부모는 자녀들에게 자신들의 사회적 지위를 세습하기 위해 수단과 방법을 가리지 않고 서울대 의대에 보내려고 한다. 고액의 입시 코디네이터를 고용하여 성적을 올리지만 가족은 파국을 맞이한다.

모든 가족이 물질주의 탈피에 성공하며 드라마는 해피엔딩으로 끝난다. "지구는 둥근데 왜 피라미드냐고!"라며 피라미드 꼭대기에 올라가야 한다는 말에 반기를 들었다. 지금도 괜찮은데 꼭 경쟁을 다그쳐야 하냐는 메시지를 교육계에 보낸다. 〈스카이 캐슬〉 정도는 아니어도 우리나라 중산층은 성장했다. 드라마 마지막에는 탈물질주의를 추구하며 안정을 찾는 모습을 보여준다. 내면을 돌아보고 진정한 가치를 찾아야 다음 단계로 성장할 수 있다.

우리 사회는 그동안 너무 달려왔다. "그 성적에 잠이 오니?"라는 말에 인간의 기본적인 욕구도 무시되었다. 지금도 잠을 많이 자는 것을 부정적으로 생각한다. 하루 8시간 이상 잔다고 말하는 사람도 없다. 2016년 OECD 국가의 평균 수면 시간은 8시간 22분인 데 반해 우리나라는 7시간 41분밖에 되지 않는다. '잠을 적게 자야 한다는 압박', '자기계발을 끊임없이 해야 한다는 압박', '바쁘게 살아야 한다는 압박'에서 벗어날 때이다.

베스트셀러는 사람들의 관심사가 어디에 있는지 보여주며 시대상을 반영한다. 2017년 혜민 스님이 쓴《멈추면 비로소 보이는 것들》을 시작으로 힐링 서적이 쏟아져 나왔다.《나는 나로 살기로 했다》,《지쳤거나 좋아하는 게 없거나》등이 있다. 그냥 이대로도 괜찮다는 말에 사람들은 자신감을 얻는다. 좋은 글을 계속 읽다 보면 기분이 좋아진다. 힐링 서적을 찾고 감동하는 사람들이 늘어나는 것은 탈물질주의를 추구하는 사람들이 늘어났다는 의미다.

노력해도
안 되는 건 안 된다

성과주의 탈피

90년생은 노력해도 바뀌지 않는다고 생각한다. 노력을 회의적으로 생각하지만 분명 노력해왔다. "노오오오오력을 하세요"라고 비꼴 수 있는 것은 진짜 노력을 해봤다는 뜻이다. 그래서 다른 사람의 노력도 존중한다. 결과가 나오지 않아도 도전 자체에 박수를 보낸다. 올림픽 국가 순위에 영향을 주지 않는 은메달, 동메달 선수들을 응원한다. '국가대표니까'라는 이유로 가혹한 잣대를 들이대지 않는다. 선수이기 전에 같은 사람으로서 노력을 인정해준다.

90년생은 노력하면 무엇이든 이룰 수 있다는 말을 한 번쯤은 들어봤다. 노력으로 모든 것을 할 수는 없지만 네가 하는 것쯤은 재능 없이도 가능하다고 말한다. 어릴 때는 시키는 대로 노력했다. 하지만 성인이 되어 사리분별이 가능해지자 사실 노력으로 되지 않는 것들이 있다고 말한다. 뒤늦게 당연하다고 생각한 것들이 엄청난 노력의 결과라는 사실을 알게 되었다. 그래서 다른 사람을 함부로 평가하지 않고 노력을 존중하려고 한다.

2008년 베이징 올림픽 최종 예선전에서 축구 대표팀은 우즈베키스탄과 0대0 무승부를 기록했다. 팬들과 언론은 경기력에 실망하고 선수들을 비난했다. 무분별한 비난에 화가 난 기성용 선수는 싸이월드(SNS)에 "답답하면 너희들이 가서 뛰든지" 하며 분노를 드러냈다. "너네가 한번 가서 뛰어보지그래?"라는 글도 덧붙였다. 하루 방문자 19만 명을 기록하며 주목을 받았다. 이후 글을 내리고 기자회견을 통해 사과했다. 한 선수가 젊은 시절 화를 못 이겨 올린 흔한 글 중 하나였다.

10년이 지나도록 저 글은 축구팬들 사이에서 사라지지 않고 있다. 다만 비난의 대상이 선수에서 선수를 욕하는 사람으로 바뀌었다. 팀이 부진해도 졌잘싸(졌지만 잘 싸웠다)를 외치는 문화다. 누군가를 비난하는 사람이 있으면 팬들은 "네가 가서 뛰든지" 하며 선수를 옹호한다. 결과가 중요하지 않은 것은 아니다. 열혈팬들은 승패에 따라 열광하고 슬퍼한다. 계속 지는 경기만 보고 싶은 사람은 없다. 그래도 그동안 해온 노력을 더 중요하게 생각한다.

2018년 평창 올림픽에서 컬링 대표팀은 은메달을 땄다. 스웨덴과의 결승전에서 3대8로 패했다. 그 경기는 시청률 35.3%를 기록할 정도로 주목을 받았다. 금메달이 아니면 한국의 올림픽 순위에 영향을 주지 않는다. 예전 같으면 사람들의 실망이 비난이 되어 선수들을 향했을 것이다. 하지만 사람들은 최선을 다한 결과에 기뻐했다. '컬링 역사 새로 썼다', '팀킴의 기적'이 헤드라인을 도배했다. 비인기 종목에서 묵묵히 역할을 한 팀을 응원했다.

2018년 러시아 월드컵도 마찬가지였다. 대표팀은 스웨덴과 멕시코에 연달아 2패를 한 상태였다. 마지막 상대는 FIFA 랭킹 1위인 독일이었다. 독일은 이전 월드컵에서 우승한 디펜딩 챔피언이기도 했다. 팬들조차 기대하지 않을 정도로 실력 차이가 컸다. 그러나 한국은 독일을 2대0으로 이기며 월드컵 최대 이변의 주인공이 되었다. 독일은 한국에 패하며 역대 최초로 조별 리그에서 탈락했다. 한국은 16강에 가지 못했지만 마지막까지 희망을 놓지 않으며 유종의 미를 거두었다.

패한 선수를 향한 선을 넘는 비난도 "아쉬워서 그런 것이다"라며 헤프닝으로 넘기고는 했다. 2014년 브라질 월드컵에서 패하고 돌아온 선수들에게 공항에서 엿을 던진 사건은 별일 아닌 것처럼 묻혔다. 2018년 러시아 월드컵이 끝나고 돌아온 축구 대표팀에게 날달걀을 던진 사람이 있었다. 독일의 축구 전문지 〈키커(Kicker)〉에 관련 기사가 실렸다. 독일의 축구팬은 "한국 축구팀이 귀국하는 자리에 달걀이 날아들었다고? 그렇다면 독일은 벽돌을 던져야 하나"라는 글을 남겼다. 논란이 일어나자 사람들은 우리나라의 매너 수준에 실망하고 창피해했다.

졌지만 잘 싸웠다

지금은 당연하게 생각하지만 불과 10년 전만 해도 '졌잘싸'라는 응원은 없었다. 2010년 월드컵에서 축구 대표팀은 16강에 진출했다. 지금은 재평가받고 있지만 당시 기사에서는 16강 진출을 축하하는 말보다 '8강 좌절'이 더 많았다. 역대급 스쿼드를 가지고 16강밖에 못 하냐는 말도 있었다. 박지성 선수가 전성기를 달리던 시절이었고 10명이 넘는 해외파 선수들이 뛰었다. 국민들은 역대 최대 성적인 4강을 넘어서야만 한다고 생각했다.

물론 결과는 중요하다. 좋은 결과를 거뒀다는 것은 좋은 과정이 있었다는 것이다. 컬링 대표팀이 결승전에 올라가지 못했다면 애초에 사람들의 관심을 받지도 못했다. 기성용 선수가 어릴 때 한 말을 사람들이 옹호하는 이유는 뛰어난 선수가 되었기 때문이다. 기성용 선수는 영국 프리미어리그에 진출하고 대표팀의 주축으로 활약했다. 축구에서 독일 대표팀을 이기지 못했으면 3패로 최악의 결과였다는 꼬리표만 붙었을 것이다. 차선의 결과가 나왔을 때 최선을 이루지 못해도 괜찮다 정도로 위로한다.

'졌잘싸'도 어쨌든 좋은 경기력을 보여줬을 때 가능하다. 최선을 다한 경기에서 강팀과 비슷한 경기력을 보였지만 아쉽게 졌을 때 사용한다. 일방적으로 졌을 때는 박수를 보내지 않는다. 체급 차이가 너무 많이 났다고만 하지 잘했다고는 하지 않는다. 당연히 이길 것으로 기대되는 경기에서 이겨도 특별히 축하받지 못한다. 투혼을 보인다는 것은 시청자의 기대보다 잘했다는 뜻이다. 과정을 중시하는 사람들이 많아지고 있지만 전체적으로는 결과 지상주의에서 벗어나지 못하고 있다.

90년생에게도 결과 지상주의는 일상에 깊이 침투해 있다. 그냥 '전공 공부'를 한다고 하면 친구들은 매우 어색해한다. 눈으로 볼 수 있는 무엇인가를 말해줘야 이해한다. '학점'이라는 목표가 있는 수업이나, '공무원'이라는 목표가 있는 시험에 익숙하다. 목표가 없는 공부를 하는 것을 이해하지 못한다. 어쩌면 우리나라 사람들의 독서량이 계속 줄어드는 이유에는 결과 지상주의가 있는지 모른다. 당장 눈에 보이는 성과가 나타나지 않으니 점점 손이 가지 않는 것이다.

90년생은 결과보다 과정을 중요하게 생각하느냐고 물어보면 아마 대부분 아닐 것이다. 결과만을 중요시하는 사회에서 살았는데 가치관이 그렇게 빨리 변할 수 없다. 그보다는 다른 사람의 노력을 존중한다는 의미가 더 크다. 사람들이 즐겨 보는 것은 대표팀 경기가 아니더라도 최소한 1부 리그다. 많은 선수들이 1부 리그 콜업을 기대하며 훈련한다. 경쟁사회에서 살아온 90년생은 1부 리그에 오기까지 얼마나 많은 경쟁을 거쳤는지 알고 있다. 그 과정을 존중하기 때문에 크게 비난하지 않고 도전 자체에 의의를 둔다.

불공정은
용서하지 않는다

보이지 않는 계급에 저항하다

2017년 알바몬에서 '가장 중요한 가치는 무엇인가'라는 설문조사를 했다. 그 결과 '공정'이라는 답변이 16.1%로 1위를 차지했다. 미국의 행동연구학자인 MIT의 리처드 라슨(Richard Larson) 교수는 공정함은 인간이라면 누구나 가지고 있는 본능이라고 한다. 정치에 무관심한 이들이 직접 행동으로 옮길 정도로 분노하는 것은 대부분 공정함이 결여된 경우이다. 자신뿐 아니라 다른 사람이 공정하게 평가받지 못하는 것에도 민감하다. 그저 남의 이야기로 치부하지 않는다. 민주주의의 한 획을 그은 촛불혁명도 공정성 시비에서 시작되었다.

한국의 대학 진학률은 OECD 국가 중 1위다. 고등학교는 사실상 의무교육 수준일 정도로 진학률이 높다. 어떤 분야든 상향 평준화 되면 작은 부분이 승패를 가른다. 프로 경기에서는 초반의 사소한 실수가 돌이킬 수 없는 결과를 만든다. 차이가 크지 않을수록 불공정의 개입이 큰 변수를 차지하게 된다. 행정직 공무원 시험은 한 문제 차이로 합격과 불합격이 나뉜다. 자신의 노력을 정당하게 평가받기 위해서는 공정함을 추구할 수밖에 없다.

"90년생은 이전 세대보다 많은 이들이 대학에 진학했고, 스마트폰을 만지면서 자랐고, 기술을 다루는 일에 능숙해요. 구성원들 간의 실력 격차가 크지 않죠. 이런 상황에서는 미미한 '불공정의 개입'이 결과를 뒤집어버려요. 반발이 클 수밖에 없어요."

〈국민일보〉에서 진행한 《공정하지 않다》의 저자 박원익 작가와의 인터뷰 내용이다. 그는 90년생이 바라는 것이 윗세대의 양보가 아니라 공정한 세상이라고 한다. '청년세대계급'이라는 용어를 사용하며 어떤 세대보다 계급적이라고 한다. 90년생은 흙수저, 은수저, 금수저로 나누며 자체적으로 계급을 설정한다. 이것은 잘못된 사회구조에 직접적으로 물음을 던지는 행위다. 이전 세대들도 불공정 문제는 익히 알고 있다. 알면서도 외면하던 시대와 다르게 90년생은 해결하자는 의사 표시를 하고 있다.

2018년 평창 동계올림픽 여자 아이스하키 종목에서 남북 단일팀이 결성되었다. 90년생은 여기에 항의했다. 국가대표팀이 되기 위해 노력한 다른 선수들의 자리를 뺏는다는 이유였다. 한반도 평화라는 대의보다 눈앞의 공정성이 더 중요하다. 올림픽 출전 자격을 얻기 위해 4년 동안 연습한 선수들이 있다. 경쟁에 밀려 출전하지 못한 선수들도 있다. 누군가는 평생 꿈꾸던 자리를 불공정하게 박탈당한 것이다.

아이스하키 남북 단일팀은 종목 간 공정성에도 어긋났다. 이낙연 총리는 기자회견에서 "여자 아이스하키는 메달권에 있는 팀도 아니고 우리 팀은 세계 랭킹 22위, 북한은 25위다. 우리 팀은 올림픽에서 한두 번이라도 이기는 것을 당면 목표로 하고 있다"고 말했다. 메달권에 있지 않은 종목이기 때문에 평화 정치의 희생양이 되라고 한다. 결정 과정에서 여자 아이스하키팀의 의견은 반영되지도 않았다. 인기 종목이면서 메달권인 쇼트트랙은 논의조차 되지 않았다.

2018년 7월 숙명여자고등학교 2학년 1학기 기말고사에서 쌍둥이 자매가 문과와 이과에서 각각 1등을 했다. 숙명여고는 강남 8학군에 속하는 명문 고등학교이다. 중위권이던 학생이 단번에 최상위권으로 오르기는 거의 불가능하다. 쌍둥이 자매의 갑작스러운 1등에 사람들은 의혹을 제기했다. 오답이 적혀 있던 답안지의 답을 그대로 써서 냈는데, 어렵지 않은 문제도 틀리면서 1등을 한 것이 의심을 샀다. 교무부장이었던 아버지를 통해 시험지가 유출되었다는 사실이 드러났고 두 자매는 퇴학을 당했다.

90년생이 이 사건에 분노한 이유는 교육에 불공정이 개입했기 때문이다. 아무리 개천에서 용이 안 나는 시대라지만 교육에서 희망을 찾는 사람이 아직 많다. 점점 잘사는 사람들을 위한 정책이 만들어지는 것에 불만을 표한다. 2022학년도 대입에서 수시 모집 비율은 75.7%이다. 숙명여고의 쌍둥이 자매처럼 수행평가에서 특혜를 받는 사람들을 이기기 힘들다. 명문 사립학교들은 많은 대회를 열어 수상 경력을 만들어준다. 교수와 연계하여 소논문까지 쓰는 고위층을 자신의 노력만으로는 절대 이길 수 없다.

90년생이 비트코인에 빠진 이유

90년생은 직접 항의하는 것에 익숙하지 않다. 작은 일에도 시위하는 기성세대와 다르다. 이런 90년생이 행동할 때는 공정성이 심각하게 침해될 때이다. 2016년 이화여대에서 직장인을 대상으로 하는 '미래라이프대학' 신설을 추진하였다. 학생들과 충분히 소통하고 설득한 다른 대학교들과 다르게 이화여대는 일방적으로 진행했다. 대학 측의 독단적인 행동에 90년생은 행동으로 움직였다. 재학생과 졸업생들의 시위는 격렬했고 결국 최경희 총장은 사퇴했다.

그 시기에 맞춰 박근혜-최순실 게이트가 터지면서 국민들은 이화여대 학생들에게 힘을 실어주었다. 2016년 10월 26일 이화여대의 시국선언을 시작으로 국내 대부분의 대학이 참가하였다. 하버드 대학교와 스탠퍼드 대학교 등 해외 유학생들이 참가하기도 했다. 학생들은 촛불을 들고 광화문으로 나갔다. 총 20차의 촛불집회가 이어졌다. 주최 측에서는 누적 1600만 명이 참가한 것으로 추정했다. 결국 박근혜 대통령은 우리나라 역사상 최초로 탄핵되었다. 이를 두고 '촛불혁명'이라고 불리기도 한다.

권학유착에서 시작해 정경유착과 측근정치까지 나왔다. 헌법에 명시된 삼권분립은 무용지물이었다. 90년생이 분노하며 촛불을 든 것은 사회 전체가 부조리하다고 느꼈기 때문이다. '혼자 아무리 열심히 하면 뭐 하나, 자기들끼리 다 해먹는데' 하는 생각이 든다. 부모의 자본과 인맥이 성공의 필수 요소가 된 현실에 반기를 들었다. 노력을 강조하면서 노력해도 안 되는 세상에 대한 불만의 표시였다. 보안이 철저한 수능으로 평가하는 정시를 선호하는 것도 공정하지 않은 수시에 대한 반발이다.

일상생활에서도 무임승차를 허락하지 않는다. 팀플(조별 과제)에서는 아무리 선배라도 역할을 하지 못하면 안 된다. 팀별로 발표를 하는 교양 수업이 있었다. 주제를 설명하는 파워포인트에 참가자의 이름이 적혀 있다. 클릭을 하자 애니메이션 기능이 적용되어 한

명의 이름이 지워진다. 교수님을 포함하여 자리에 있던 모든 사람들이 무슨 일이 있었는지 알고 있다. 지워진 사람이 팀에 협조하지 않았을 것이다. 각 팀원이 어떤 부분에 기여했는지 구체적으로 적고 아무것도 하지 않는 사람을 용납하지 않는다.

90년생이 비트코인에 빠진 것은 단순히 도박을 좋아해서가 아니다. 우리나라에서 유일한 카지노인 강원랜드에 가보면 20대는 생각보다 적다. 비트코인을 선호하는 이유는 새로운 유형의 자산에서 공정하게 경쟁할 수 있기 때문이다. 대표적인 자산인 주식과 부동산은 대부분 기성세대가 가지고 있다. 부동산은 이미 많이 오르기도 했고 살 돈도 없다. 주식은 실패 사례가 너무 많다. 변동성이 큰 주식에서는 개미의 돈을 먹으려는 세력들이 호시탐탐 노리고 있다.

비트코인에서는 모두가 공평하다. 오히려 90년생에 더 유리한 것 같기도 하다. 기성세대를 보니 채굴의 원리를 잘 이해하지 못한다. 알트코인이 무엇인지, 코인별로 어떤 특징이 있는지 모른다. 비교적 공정하다고 느낀 시장에서 거래소 폐쇄가 언급되었다. 주식시장에서 불법 공매도나 부동산 투기는 수십 년째 못 잡으면서 비트코인에만 발 빠른 대응을 했다. 이에 대한 반발로 박상기 법무부 장관의 땅 투기가 다시 논점에 올랐다. 투기 시장에 대한 정책에 일관성을 가지라는 항의의 표시였다.

90년생에게
방송은 소통이다

먹방의 핵심은 먹는 게 아니다

먹방 BJ들이 어마어마한 양의 음식을 거뜬히 먹는 모습을 보면 신기하다. 처음에는 그저 신기해서 봤는데 계속 보다 보니 친숙하다. BJ들은 혼자 아무 말 없이 먹기만 하는 것이 아니다. 댓글을 읽고 답해주며 소통을 한다. 함께 음식을 먹는 느낌이다. 다이어트를 하는 사람들은 남이 먹는 모습을 보며 대리만족을 느낀다. 호불호가 많이 갈리는 분야로 먹는 ASMR에 괴로워하는 사람도 많다.

먹방을 하는 BJ들은 많이 먹는다. 일반인들은 라면 3개도 많은데, 먹방 BJ들은 10개 정도는 타임어택으로 먹는다. 중국집에서 요리 3개와 면류 4개를 주문해 혼자 먹는다. 삼겹살은 3킬로그램 정도 거뜬히 먹는다. 햄버거는 큰 사이즈로 10개와 사이드 메뉴까지 먹는다. 처음에는 먹고 토한다는 말도 많았지만 계속 그렇게 먹는다는 사실을 증명했다. 허겁지겁 먹지도 않고 우리가 보통 밥을 먹을 때처럼 편하게 먹는다.

먹방을 우리나라의 독특한 문화라고 하는데 그렇지 않다. 우리나라 먹방이 갑자기 주목을 받았을 뿐 원래 많이 먹는 분야가 있었다. 다 먹으면 상품을 주는 도전 음식이 있고, 푸드파이터 대회도 있다. 미국 유튜버 중 맷 스토니(Matt Stonie)는 많은 먹기 대회에서 1등을 보유하고 있다. 구독자 수도 1200만 명이 넘는다. 먹방은 어느 나라에나 있는데 우리나라에서 유독 매스컴을 타며 유명해졌다. 보통 사람이 이해하기 힘든 일종의 마이너 콘텐츠라고 생각하면 된다.

'도전 음식'이라고 하면 일반인들이 성공할 수 없는 목표가 주어진다. 하지만 BJ들은 이런 도전 음식도 편안하게 먹는다. 홍대의 중국집 '중화가정'에는 '괴물짜장'이라는 먹방 메뉴가 있다. 짜장면 곱빼기 4그릇 정도 되는 양을 12분 안에 먹으면 공짜다. 한 먹방 BJ는 두 그릇을 도전해도 되냐고 물어 직원이 당황하기도 했다. 그는 한 그릇은 도전을 하고 한 그릇은 별도로 주문해서 두 그릇을 다 먹었다. 점보라면 도전에 성공하고 "이제 좀 천천히 먹을게요" 하면서 돈가스와 라면을 추가로 주문하기도 한다.

유튜브에서 소통은 기본이다. 먹방을 하면서도 소통을 한다. 채팅으로 궁금한 것을 물어보면 대답해준다. 사생활과 관련된 내용일 때도 있고 음식에 대한 정보를 물어보기도 한다. 시청자가 좋아하는 조합으로 먹어달라고 주문하기도 한다. 분식을 먹을 때 "떡볶이를 오뎅으로 말아서 먹어주세요"라고 하면 그 방식으로 먹어준다. 평소와 다르게 5인분 정도밖에 못 먹으면 BJ를 걱정해주기도 한다. 전문가들은 많이 먹을 수 있는 이유가 위의 크기 때문이라고 한다.

"체구가 크다고 해서 위가 더 크거나 체구가 작다고 해서 위가 더 작진 않습니다. 사람의 위는 주먹 크기에서 4~50배 정도까지 늘어날 수 있기 때문에 일반적인 분들이 봤을 땐 '어! 저 정도 양이 들어가나?' 하고 느낄 수 있는데 그 정도 양이 들어가도 쉽게 포만감을 안 느끼고 지속적으로 음식을 먹을 수 있는 거죠."(순천향대학교 부속 서울병원 가정의학과 조현 교수의 〈연합뉴스〉 인터뷰)

이렇게 많이 먹으면 건강이 괜찮은지 걱정된다. 나이가 많을수록 건강을 생각하는 경향도 크다. 거의 모든 먹방 BJ들이 병원에서 진료를 받았다. 진료 과정을 유튜브 콘텐츠로 제작해서 올리기도 했는데 대부분 매우 건강하다는 결과가 나왔다. 일반인보다 위의 크기가 큰 것을 빼면 다르지 않았다. 앞으로 먹방을 계속해도 무관하다는 의사 소견도 받았다. 비타민D가 부족하다는 매우 현실적인 조언을 받기도 했다.

마이너 콘텐츠가 주류를 잠식하다

먹방의 종류 중 '술 먹방'이 있다. 술을 과하게 먹는 것은 아니다. 오히려 친구들이랑 먹을 때보다 더 조심한다. 청소년은 술을 마시지 못하기 때문에 방송에서 19세 제한을 걸어두고 술을 마신다. 이 방송은 소통을 위한 것일 뿐 신기한 요소는 별로 없다. 편한 친구와 술을 마시며 얘기하듯 말한다. 먹방 BJ보다는 평범한 BJ들이 더 많다. 다른 BJ들과 함께 먹는 합방을 하기도 한다.

먹방을 보는 가장 큰 이유 중 하나는 대리만족이다. 먹방 다이어트라는 말도 있다. 다이어트를 하면 마음껏 먹을 수가 없으니 다른 사람이 먹는 모습을 보고 대리만족을 느낀다. 하지만 실패할 가능성이 높은 최악의 다이어트 방법으로 꼽힌다. 그래도 먹방을 보며 다이어트에 성공했다는 후기가 자주 올라온다. '야식 먹으면 살찌는데' 하는 생각이 들 때 먹방을 보면서 참는다. 엄연히 하나의 다이어트 방법으로 자리 잡았다.

아프리카TV와 유튜브에서 시작한 먹방의 인기는 TV 프로그램으로 이어졌다. 〈윤식당〉, 〈삼시세끼〉, 〈맛있는 녀석들〉과 같은 먹는 콘텐츠가 인기를 끌었다. 먹는 콘텐츠는 게임이나 요리 같은 재미 요소를 더했다. 맛있는 음식점을 소개해주고 먹는 모습을 보며 사람들은 재미를 느낀다. 근본적으로 보는 이유는 같지만 '먹는 행위'에 더 집중한 것이 유튜브이다. 유튜버들은 어딘가에 가지 않고 일상에서 먹을 수 있는 음식을 먹는다는 점도 다르다.

사람들이 먹방이라고 부르지는 않지만 일반 유튜버들도 한 번씩 먹방을 찍는다. 먹는 것은 일상에서 중요한 행위 중 하나이기 때문에 언제나 하나의 콘텐츠가 된다. 먹방에서 가장 자연스럽게 이어지는 것은 요리를 하는 '쿡방'이다. 쿡방은 남녀노소 즐겨 보는 콘텐츠이다. 요리하는 과정을 보여주고 마지막에 먹지 않는 것이 더 이상하다. 대표적인 쿡방은 백종원의 〈요리비책〉이다. 간단한 집밥 요리 만드는 법을 알려주고 먹는 모습, 맛에 대한 평가까지 보여준다.

먹방은 호불호가 극명하게 갈리는 분야이다. 대부분 보지 않지만 일부가 열광한다고 말하는 것이 더 맞다. 먹방과 함께 ASMR이 뜨면서 먹는 소리를 활용한 광고가 나온다. 우리나라는 쩝쩝거리며 먹는 것을 예의 없다고 생각한다. 먹는 소리가 나오는 광고에 많은 90년생들이 고통받고 있다. 일부는 '쩝쩝충'이라고 하며 안티로 돌변한다. 먹방이 유행이라고 인식하는 다수와 열광하는 소수가 있다. 열광하는 사람의 수만큼 싫어하는 사람도 있다. 90년생의 먹방에 대한 인식은 '요즘 인기 많던데 난 별로'일 확률이 높다.

90년생의
도덕주의 본능

한번 찍히면 복귀하기 힘들다

예전에는 잘못을 저지른 후에 어느 정도 자숙 기간을 갖고 복귀하는 연예인들이 많았다. 하지만 지금은 사람들이 요구하는 도덕 수준이 까다로워지고 있다. 아무리 뛰어난 재능을 가진 운동선수라고 해도 해서는 안 되는 일을 하면 지지하지 않는다. 유튜버도 이제 공인으로 인정받는 만큼 당연히 연예인 수준의 도덕성을 요구한다. 복귀가 가능한 기준도 높아지고 있다. 과대 광고로 논란이 된 먹방 유튜버 '밴쯔'는 과거의 구독자 수를 회복하지 못하고 있다. 야구선수 강정호는 음주운전으로 사실상 은퇴를 하게 되었다.

1세대 먹방 BJ 밴쯔는 한 끼에 평균 10인분가량을 먹는다. 많은 양을 깔끔하게 먹는 모습에 사람들의 호감을 얻었다. 리액션도 크게 하지 않는다. 많이 먹으면서도 식스팩을 유지할 정도로 자기 관리에 뛰어나다. 하루 6시간 이상 운동하는 것으로 알려져 있다. 방송을 하지 않을 때는 몸 관리를 위해 많이 먹지 않는다고 한다. 아프리카TV에서 시작해 2016년 유튜브로 플랫폼을 옮겼다. 유튜브 라이브가 지금처럼 활성화되지 않았을 때였다. 많은 팬들이 밴쯔를 따라 유튜브로 옮겨 갔다.

2017년 밴쯔는 인기를 바탕으로 건강기능식품 회사 '잇포유'를 설립했다. 잇포유는 다이어트 보조제를 파는 회사이다. 항상 많은 양을 먹으면서도 좋은 몸을 유지하는 밴쯔였기에 관심이 더 몰렸다. 하지만 밴쯔의 회사는 오히려 다른 면에서 논란이 되었다. 허위 과장 광고 혐의로 기소된 것이다. "제품 사용자들이 작성한 후기를 토대로 광고했을 뿐"이라고 무죄를 주장했지만 기각되었다. '건강기능식품에 관한 법률' 제18조(허위, 과대, 비방의 표시 및 광고 금지) 위반으로 밴쯔와 잇포유에 각각 500만 원의 벌금이 선고되었다.

이 사건으로 밴쯔의 유튜브 구독자는 크게 줄어들었다. 위법 행위에 실망한 팬들이 구독 취소를 누르고 콘텐츠를 보지 않았다. 330만까지 오르던 구독자 수는 230만대까지 떨어졌다. 사과 영상을 반복해서 올리고 반성하는 모습에 반등하기도 했지만 한계가 있다. 논란이 있기 전 수준으로 올라가기는 힘들어 보인다. 처음

하는 사업이고 몰랐을 수도 있다. 일반인이라면 주변 사람들이 별거 아니라는 반응을 보였을 것이다. 유명인이기에 높은 잣대의 도덕성을 감내해야 한다.

2020년 대형 유튜버들에게 연달아 터진 뒷광고도 비슷하다. 뒷광고는 광고 협찬을 받지 않고 직접 구입한 것처럼 콘텐츠를 업로드하는 것을 말한다. '내돈내산(내 돈 주고 내가 산)'과 같이 광고가 아니라는 해시태그를 달기도 한다. 유튜브는 누구나 쉽게 시작할 수 있다. 큰 기업이 체계적으로 하는 것이 아니라 개인이 운영한다. 상윤쓰, 엠브로, 양팡 등 대부분의 유튜버들이 뒷광고를 한 것으로 지목되어 사과했다. 260만 유튜버 쯔양은 방송 초기 무지로 인해 법을 지키지 못했다고 사과한 후 은퇴했다가 복귀했다. 모든 유튜버들의 사과 영상이 유튜브를 도배했다. 뒷광고 자체가 논란이 되면서 연예인들도 타깃이 되었다. 한혜연과 강민경은 수천만 원대의 뒷광고를 한 것으로 드러났다.

사과는 필요 없다, 영원한 퇴출

연예인들이 논란을 잘 수습하고 복귀하는 데는 소속사의 역할이 크다. 언론사에 좋은 기사를 뿌리고 팬심을 관리하는 유튜버들에게도 연예인들의 소속사와 비슷한 개념의 회사가 있다. 다이아TV

나 샌드박스 같은 멀티채널 네트워크 기업으로 법적인 문제를 검토해주기도 한다. 하지만 단순한 계약관계이기 때문에 깊이 개입하지 못한다. 〈국민일보〉 인터뷰에서 한 관계자는 "광고주와 협의하지 않은 광고, 일반 콘텐츠 제작과 기획에 따른 책임은 유튜버의 몫이다"고 말한다. 유튜버들은 한 번의 실수가 되돌릴 수 없는 수준의 인지도 하락을 불러일으킨다.

야구선수 강정호는 음주운전으로 야구 인생을 접어야 했다. 한국 프로야구에서 골든글러브 4회, 플레이오프 MVP에 선정되며 메이저리그의 주목까지 받았다. 2010년과 2014년에 아시안게임 금메달에 기여하기도 했다. 2015년 피츠버그와 4년 보장 금액 1100만 달러(약 132억 원)에 계약했다. 2015년 7월에는 최정상급 플레이를 보여주며 이달의 신인상을 받았다. 시즌이 끝날 때는 내셔널리그 신인왕 투표에서 3위를 차지했다. '악마의 재능'이라는 평가를 받으며 야구팬들을 즐겁게 해주었다.

그러나 2016년 12월 강정호는 음주운전을 하다가 가드레일을 들이받고 도주했다. 지인이 운전한 것으로 속이려다가 블랙박스로 적발되었다. 이미 음주운전 경력이 두 차례 더 있었다는 사실이 적발되면서 은폐 의혹까지 받았다. 당시 강정호는 인터뷰에서 "너무 죄송하고 앞으로 제가 야구로써 보답하는 일밖에 없는 것 같다"고 했다. "좋은 모습 보여주겠다"는 말은 물의를 일으킨 선수들의 단골

멘트였다. 이제 팬들도 야구를 잘하면 가장 좋은 것은 본인이라는 것을 안다. 강정호 선수는 이 사건으로 징역 8개월, 집행유예 2년을 선고받았다.

강정호 선수는 음주운전 때문에 취업비자 발급이 되지 않아 2017년 시즌을 통째로 날렸다. 전성기 선수에게 1년의 공백은 크다. 경기 감각을 다시 못 찾을지도 모른다. 2018년 시즌에 어렵게 복귀했지만 떨어진 감각을 되찾지 못하고 3경기 출장에 그쳤다. 2020년 국내 복귀를 시도하자 팬들은 거세게 반발했다. 강정호의 전 소속 팀이었던 '키움 히어로즈' 구단도 난감했다. 결국 강정호는 복귀 철회 의사를 밝혔다. 아무리 재능 있는 선수라도 팬들은 받아들이지 않았다.

우리 사회는 지금껏 논란을 빚은 연예인에게 관대했다. 가수 이수(MC THE MAX)는 2009년 성매매 혐의로 기소유예 처분을 받았지만 이후에도 음악 활동을 계속했고 차트 1위에 많은 곡을 올렸다. 도박 논란이 있었던 이수근은 〈신서유기〉를 통해 복귀했다. 병역 기피 의혹이 있었던 MC몽도 음악으로 돌아왔다. 2006년 데뷔한 빅뱅이 많은 물의를 일으키면서도 활동을 이어갈 수 있었던 데는 팬들의 옹호가 있었기 때문이다. 빅뱅은 멤버들이 군대를 가기 전까지 대마초를 비롯해 각종 논란을 빚었다.

사람은 누구나 잘못을 할 수 있다. 한 번의 실수로 그 사람을 영원히 매장하는 것은 과하다고 할 수 있다. 역사적으로 사람의 잘못을 끝까지 벌하던 때가 있었다. 미국의 작가 나다니엘 호손의 소설 《주홍글자》에서는 간통한 여자의 가슴에 'A' 자를 박는다. 많은 사람들 앞에서 인장을 박으며 잘못을 영원히 끌어안고 살라는 의미다. 이 소설을 읽으며 범죄자는 모두 매장해야 한다고 말하는 사람은 없다. 가혹한 벌이라고 생각하는 사람들이 더 많다. 지금 인플루언서들도 도덕적인 기준을 스스로 정해야 한다.

도덕성을 중요하게 생각하는 것은 90년생만의 특징이 아니다. 잠시 자숙했다가 복귀하는 모습을 자주 보면서 학습한 결과이다. 누군가 잘못을 하면 '또 잠시 자숙하다가 복귀하겠지'라고 생각한다. 지금까지 잘못을 하고도 너무 쉽게 받아들여서 유명인에 대한 경계가 부족하다고 생각한다. 그래서 더 이상 지지하지 않는 것으로 잘못한 연예인들에게 주의를 준다. 누군가 복귀하려고 하면 전에 일으킨 사건을 근거로 반대한다. 활동을 강행해도 안 좋은 시선을 감당해야만 한다. 논란을 일으켰다면 진심이 담긴 자숙 기간을 가져야 한다는 것이 90년생의 사고방식이다.

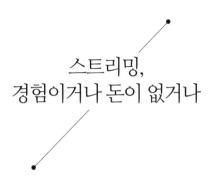

스트리밍,
경험이거나 돈이 없거나

다운로드보다 스트리밍

90년생은 경험을 중요하게 생각한다. 일부를 제외하면 보통 사람이 버는 돈은 큰 차이가 나지 않으니 같은 돈이라면 하나를 소유하는 것보다 10가지 경험을 택한다. 구독경제가 발달하면서 경험을 더 쉽게 할 수 있다. 영화를 다운로드(소유)하는 대신 스트리밍으로 본다. 공유 주거 서비스를 이용해 공간을 사용한다. 취미 생활이나 역량 개발을 위해 '클래스101'과 '패스트캠퍼스'를 이용한다. 이런 특성을 인정하면서도 단순히 돈이 없어 그렇다고 말하기도 한다.

김난도 교수의 《트렌드 코리아 2020》에서는 2020년 소비 트렌드의 하나로 '스트리밍 라이프'를 꼽았다. 이제 음악이나 영화를 스트리밍 형태로 본다. 물론 구입하면 시간이 지나도 얼마든지 다시 볼 수 있다. 명작을 반복해서 보는 사람이라면 구입하는 것이 경제적이다. 스트리밍은 다양한 콘텐츠를 볼 수 있는 대신 구독을 끊으면 더 이상 보지 못한다. 하지만 다운로드하는 시간을 아낄 수 있다.

이제 거주 공간도 스트리밍으로 이용한다. 라이프온투게더는 공유 오피스 회사 패스트파이브에서 운영하는 공유 주거 서비스다. 내부에 있는 헬스장과 미니바에서 간단한 음료를 무료로 이용할 수 있다. 최고급 가구들로 꾸며진 라운지에서 휴식을 취하기도 한다. 루프톱에 친구들을 초대해 바비큐를 해 먹을 수 있는 공간도 있다. 큰 부자들이나 즐기던 라이프스타일을 구독 서비스로 누릴 수 있는 것이다. 하지만 월 100만 원이 넘는 가격으로 사용하는 사람을 본 적이 없기는 하다.

"그러니까 월세 산다는 거 아니야?"라고 하면 맞다. 월세와 같은 개념이다. 실제로 월세는 한 달만 살고 나가기 쉽지 않다는 것이 차이점이다. 월세가 한 달 단위로 집을 빌리는 개념이라면 스트리밍은 공간을 사용하는 개념이다. 대여와 사용은 엄연히 다르다. 대여를 하면 그 기간 동안 내 소유이며 관리 책임을 져야 한다는 부담감이 있다. 공간을 호텔처럼 사용하고, 지겨우면 다른 공간을 구독하면 된다.

별걸 다 스트리밍하는 시대다. '브러쉬리'는 칫솔을 구독하는 서비스다. 칫솔의 수명을 고려해 적정 시기에 배송해준다. '퍼플독'은 와인을 잘 모르는 사람들을 위해 엄선된 와인을 보내준다. 이외에도 생리대나 영양제까지 구독한다. 소유보다 경험을 중시하는 심리를 타깃으로 많은 스타트업들이 승부수를 던지고 있다. 소유를 위한 소비는 그냥 하면 되지만 경험을 위한 소비에는 시간이 필요하다. 워라밸(일과 사생활의 조화)이 부상하면서 주52시간제가 시작되었다. 그에 맞춰 퇴근 후 삶을 풍요롭게 해줄 서비스도 늘어나고 있다.

클래스101은 일종의 재능 플랫폼이다. 작곡이나 요리, 창업 등 다양한 분야를 영상으로 배울 수 있다. 가볍게 취미로 듣기에 좋다. 한번 해보고 아니다 싶으면 다른 강의를 찾으면 된다. 연예인의 일상을 보여주는 프로그램에서 특이한 체험을 하는 것들은 대체로 '원데이 클래스'이다. 하루 이색체험을 한다고 생각하면 된다. 클래스101은 2019년 4월 소프트뱅크벤처스 등에서 120억 원을 유치했다. 성장성을 인정받았다는 뜻이다. 비슷한 플랫폼으로 탈잉과 숨고가 있다.

취미, 자동차도 구독한다

"학원 같은 정기 수업은 경제적 부담이 큰데 원데이클래스는 적은 비용으로 일상을 다채롭게 채울 수 있어요. 수업마다 새로운 사람을 만날 수 있어서 좋아요."("오늘은 화가, 내일은 플로리스트…원데이 클래스 가는 사람들", 문유림·이나라, <조선일보>, 2020. 2. 16.)

....

클래스101이 취미나 투잡 같은 가벼운 내용이라면 '패스트캠퍼스'는 전문성을 가지고 실무에 근접한 내용을 강의한다. 데이터 사이언스 같은 과정을 통해 전문가 수준의 교육을 한다. 성인을 대상으로 한 학원인 셈이다. 일정 수준에 도달했음을 보여주는 자체 인증 과정도 있다. 민간 자격증이지만 기업에서 인정해주는 곳이 많다. 성장하고 싶은 욕구는 누구에게나 있다. 초심을 잡으려는 직장인과 역량을 개발하려는 취업준비생이 많이 듣는다. 취업을 컨설팅해주는 사람이 실무 경험을 위해 추천하기도 한다.

클릭 한 번으로 자동차를 빌릴 수도 있고 전문가가 추천하는 제품을 배송해주기도 하는 구독경제는 무엇보다 편리하다. 많은 전문가들은 90년생이 경험을 중요하게 생각하기 때문에 구독경제를 선호한다고 한다. 하지만 실제로는 전혀 그렇지 않다. 90년생은 집과 차를 포기하지 않았으며 평생 스트리밍하며 살 생각이 없다. 말로는 욜로족이라고 하며 노는 모습을 보여준다. 하지만 뒤로는 인생에서 경제적인 문제를 어떻게 해결할지 고민한다. 돈에 관련된 부분은 살아가면서 항상 따라오는 문제이다.

힙한 도시를 돌아다니며 집을 소유하는 대신 스트리밍을 하고, 무엇인가 필요하면 그때그때 빌린다고 해보자. 앞서 예로 든 '라이프온투게더'의 가격은 월 100만 원에서 150만 원 정도이다. 심심함을 달래줄 넷플릭스와 필요할 때마다 차를 구독하면 월급의 대부분을 써야 한다. 90년생에게 이런 삶은 와 닿지 않는다. 호캉스를 가듯 조금 길게 힙한 느낌을 받고 싶을 때 좋은 공간을 사기는 한다. 렌터카를 빌리는 것처럼 필요할 때 돈을 주고 빌린다는 개념이 더 크다.

"우리는 공유하는 걸 좋아하는 게 아니다. 우리는 개인적인 성향이 강한 세대다. 남들하고 부딪히는 게 싫다. 하지만 돈이 없으니 공유하는 거다. 우리를 둘러싼 환경이 공유할 수밖에 없게 만든다."

IT조선에서 인턴을 대상으로 인터뷰한 내용이다. 박씨는 90년생이 소유할 때보다 경험할 때 행복해한다는 얘기를 듣고 이질감을 느꼈다고 한다. 실제 셰어하우스에 사는 친구를 보면 뉴스와는 다른 모습이다. 멀리서 보면 그냥 방 하나에 한 명씩 사는 것이다. 부엌이나 거실을 공유하며 소통한다는 취지가 있지만 실제로는 왕래가 없다. 다 문을 닫고 방 안에만 있는다. 조금 더 저렴하기 때문에 불편함을 감수하는 것이지 누군가와 함께하는 것을 선호하지 않는다.

결혼한 친구들을 제외하고 자취를 하는 대부분은 원룸에 산다.

더 넓은 곳이라 해도 투룸이나 작은 오피스텔 정도다. 90년생은 원룸에 월세를 살면서 언제 돈을 모으냐며 최대한 빨리 전세로 넘어가려고 한다. 전세 대출을 받아도 이자가 월세보다 훨씬 적다. 한마디로 기성세대들이 살았던 삶과 별반 다를 게 없다. 90년생은 버는 돈을 모두 스트리밍에 쓸 생각이 없다. 기성세대가 그랬듯이 돈을 모아 월세에서 전세를 가고, 집과 차를 사려는 꿈을 가지고 있다.

남녀는
이미 평등하다

젠더 갈등의 진실

여론조사 전문업체 리얼미터에서 실시한 '2018년 공동체 회복 관련 여론조사'에서 20대의 56.5%가 한국 사회의 가장 큰 갈등으로 '젠더 갈등'을 뽑았다. 세대 갈등이나 지역 갈등도 있지만 90년생이 가장 크게 실감하는 것은 남녀 갈등이다. 탈코르셋 운동이 일어나고 남성 화장품 시장이 커지고 있다. 한마디로 남녀 간의 경계가 무너지고 있다. 90년생들은 평등 의식이 상당히 높다. 가사 분담, 여성 할당제 등에서 기성세대와 입장 차이를 보인다.

사람의 성별은 남자와 여자로 나뉘기 때문에 누구도 남녀 갈등에서 자유로울 수 없다. 그럴수록 동성끼리만 공유하고 싶은 이야기가 있다. 온라인에서는 그들만의 커뮤니티가 만들어졌다. 남자가 많은 사이트는 남초, 여자가 많은 사이트는 여초라고 불린다. 남초 사이트로는 디시인사이드나 이종격투기 카페가 있다. 여초 사이트로는 네이트 판이나 망고카페 등이 있다. 이런 커뮤니티는 각 성별이 가지는 고충을 공유하는 순기능적인 역할을 한다.

모두 그런 것은 아니지만 남초 사이트는 개방적인 특성을 가진다. 반대로 여초 사이트는 폐쇄적인 특성을 가진다. 일부 여초 사이트는 여자라는 사실을 인증해야 가입할 수 있다. 한쪽 성별에 치우친 사이트에서는 이성을 환영하지 않는다. 이성이 보고 있다고 생각하면 속마음을 그대로 말하기 어렵기 때문이다. 개방적인 성향이 강한 남초 사이트도 이성을 꺼리기는 마찬가지다.

같은 성별끼리 모였을 때의 순기능만큼 역기능도 상당히 많다. 이성을 비하하는 발언의 수위가 높아지면서 일부 극단적인 사이트가 등장했다. 일베라고도 부르는 일간베스트 사이트와 워마드와 같은 남성 혐오 사이트이다. 우리나라에서 이성 혐오 문화를 만든 주축이다. 뉴스에 나오는 혐오 표현은 대부분 이런 극단적인 사이트를 인용한 것이다. 90년생은 논리가 없는 혐오 의견은 거부하면서도 일리 있는 말은 받아들인다.

여자들이 먼저 문제를 제기하고 행동으로 옮겼다. '탈코르셋 운동'은 사회가 여성스럽다고 규정한 것을 거부한다. 화장을 하지 않고

셔츠에 바지를 입는다. 머리도 짧게 자른다. 대학내일의 조사에 따르면 90년생의 48.7%가 외모와 체형에 대한 시선과 평가에서 벗어나고 싶다고 했다. 이후 '자기 몸 긍정주의'로 발전했다. 이런 사고방식은 패션 업계에 바로 반영되었다. G9 쇼핑몰에 따르면 2019년 노와이어 브라 제품 판매량이 20% 증가했다고 한다. 같은 기간 '볼륨업 브라' 제품은 32% 감소했다.

여자가 여성스러움을 거부하듯 남자도 남성스러움을 거부한다. 대학내일에서 20대 남성 500명을 대상으로 조사한 결과 46.4%가 '남성이 화장하거나 꾸미는 것에 대해 긍정적으로 생각한다'고 답했다. 31.6%는 자신을 그루밍족이라고 밝혔다. 그루밍족은 패션과 미용에 아낌없이 투자하는 남성을 말한다. 2017년 롯데백화점 화장품 매출의 22.5%를 남성 고객이 차지했다. 2012년에 14%였던 것에 비해 8.5% 늘어났다. 무엇인가를 소비하는 데 남녀 구분이 없어지고 있다.

기성세대가 분열을 조장한다

90년생은 기성세대의 남녀 갈등에 휘말려들었다. 90년생 남자는 1세대 여성 운동가를 조롱한다. 현실성 없는 주장만 하고 논리가 뒷받침되지 않는다고 생각하기 때문이다. 90년생 여자는 기성세대와 같은 절차를 밟게 될까 봐 두려워한다. 힘을 모아 권리를 찾아야 한다는 생각이다. 힘을 실어주는 주체가 페미니스트는 아니다. 페미니즘은 너무 변질되었다. 사실 90년생만을 놓고 봤을 때 남녀 갈등은 심각하지 않다. 혐오 문화가 잘못되었다는 데 공감하고 있다. 평등 의식도 거의 비슷하다는 통계를 쉽게 찾을 수 있다.

"오프라인에서는 온라인만큼 혐오 표현을 하는 이들이 거의 없어요. 본인들도 혐오는 문제가 있다는 것을 알고 숨는 것 같습니다. 상대방이 어떤지 모르니 서로 조심해요. 정말 신뢰하는 사이가 아니라면 혐오 관련 얘기는 회피하죠."("Z세대가 말하는 Z세대ㅣ후배도 'ㅇㅇㅇ님~' 대등한 관계가 편해 결혼·출산은 '선택'…내 인생이 가장 소중", 노승욱·양유정,〈매경이코노미〉, 2019. 6. 14.)

90년생은 이성이 섞여 있을 때 남녀 갈등을 주제로 꺼내지 않는다. 친한 동성끼리 있을 때 한 번씩 말하는 정도다. 평등 의식에 대한 통계를 보면 명확히 알 수 있다. 1980년생이 20대일 때 통계청에서 실시한 조사에서 '가사 부담을 공평하게 분담해야 한다'는 질문에 남성의 44%, 여성의 61.3%가 '그렇다'고 응답했다. 10년이 지나 90년생을 대상으로 같은 질문을 했다. 90년생 남성의 80%, 여성의 83%가 공평하게 분담해야 된다고 대답했다. 90년생은 성 역할에 대한 고정관념이 거의 없음을 볼 수 있다.

'남녀 갈등' 하면 항상 따라오는 주제인 여성 할당제에 대한 인식도 다르다. 정한울 한국리서치 여론분석 전문위원과 이정진 국회 입법조사관은 80년생과 90년생의 여성 할당제에 대한 생각을 조사했다. 2002년 당시 20대였던 남성의 62%가 여성 할당제에 찬성했다. 2018년에는 68%가 '남성에 대한 역차별'이라고 답했다. 여성은 2002년 85%가 찬성했지만 2018년에는 40%가 '남성에 대한 역차별'이라고 했다. 이기적으로 자기만을 생각하지 않고 공정성을 추구하는 모습이다.

기성세대의 생각은 수십 년이 흐르는 동안 발전하지 못했다. 언론을 장악한 세대가 분열을 조장하니 90년생은 실제와 다르다고 느끼는 부분이 많다. 2018년 유시민 작가는 "20대 남성들이 화를 내는 것도 이해할 측면이 있다. 축구도 봐야 하는데 여자들은 축구도 안 본다. 자기들은 롤도 해야 하는데 여자들은 롤도 안 하고 공부만 한다. 모든 면에서 남자들이 불리하다"는 발언을 했다가 반발을 샀다. 감수성은 여성의 영역이라는 잘못된 고정관념을 가지고 있다는 것이다.

언론에서 기사를 쏟아내면서 남녀 갈등은 날로 심해지고 있다. 하지만 90년생들에게는 평등 의식이 이미 자리 잡았다. 남자들은 자신들도 가사 부담을 해야 한다고 생각하고 여자들은 여성 할당제를 거부한다. 90년생의 평등 의식을 기성세대가 따라오지 못하고 있는 것이다.

강요하지 마,
판단은 내가 해

언론보다 나의 정보력을 믿는다

정치 세력은 이익집단이다. 사회 전체를 위한 이익보다 자신들에게 어떤 결과로 돌아올지를 먼저 생각한다. 90년생도 마찬가지다. 정책이 자신에게 어떤 영향력을 끼칠지 생각하며 찬성하거나 반대한다. 특히 '개인을 통제하려는 움직임'을 주시한다. 개인정보 침해의 우려가 있다는 이유로 테러방지법을 반대한다. 국정원은 많은 논란으로 신뢰를 보여주지 못했다. 90년생은 팩트만을 원한다. 판단은 스스로 하면 되기 때문이다. 실시간 중계를 통해 직접 판단하고 SNS를 통해 의견을 공유한다.

90년생은 민주주의가 지켜져야 한다고 교육받았다. 학교에서는 지금 누리는 자유가 거저 얻어진 것이 아니라고 가르친다. 헌법 제 1조 '대한민국은 민주공화국이다'와 2조 '대한민국의 주권은 국민에게 있고 모든 권력은 국민으로부터 나온다'는 당연한 것이다. 하지만 성인이 되어 세상 돌아가는 것을 보니 그렇지 않다는 것을 깨닫는다. 예외 사항으로 통제할 수 있는 수단들이 얼마든지 있다. 다양한 해석이 가능하다는 이유로 법은 사람마다 다르게 적용된다. 90년생은 학교에서 배운 대로 자유를 보장하라고 요구한다.

2016년 열린 테러방지법 반대 필리버스터에서 개인 통제를 반대하는 90년생의 생각을 볼 수 있었다. 필리버스터는 소수파가 합법적인 방법을 모두 동원하여 의결을 막는 것이다. 다양한 방법이 있는 미국과 달리 한국의 필리버스터는 무제한 토론을 말한다. 90년생은 개인정보를 침해할 우려가 크다는 이유로 법안에 반대했다. 이미 국정원은 불법 도청 사건, 여론 조작 사건 등 많은 범죄 행위를 저지른 상태였다. 믿을 수 없는 기관이 자신의 사생활을 볼 수 있는 법안에 반대하는 것이다. 여론조사 기관 한국갤럽에 따르면 당시 20대의 72%, 30대의 77%가 법안에 반대했다. 18%만이 반대한 60대 이상과 대비된다.

90년생은 언론의 필터링을 거부한다. 아프리카TV 등을 통해 가공되지 않은 정보를 취한다. 팩트TV의 실시간 중계는 누적 시청자 수 510만 명이 넘었다. 90년생은 디지털에 익숙한 세대답게 새로운 정치 참가 형태를 보였다. 생중계를 보면 뉴스에 담지 못하는 내용을 알 수 있다. 누가 억지를 부리는지, 누가 설득력 있게 말하는지 그대로 드러난다. 뉴스는 힘 있는 진영과 정당에 유리한 기사 위주로 내보낸다. 논리적이지 않은 말로 화제가 되는 정치인이 나온 것은 국민들이 직접 판단하기 시작하면서부터다. 90년생은 편집되지 않은 정보를 보고 자신들이 스스로 판단하려고 한다.

90년생은 대의명분으로 테러방지법을 반대한 것이 아니다. '나에게 손해가 될 가능성이 높아 보여서' 반대한 것이다. 국정원의 감사가 불합리하게 자신을 향할 수 있다는 불안감이 작용했다. 통일에 반대하는 것도 같은 이유다. 대학내일의 '북한 및 통일에 대한 세대별 인식 차이 연구'에 따르면 통일에 가장 부정적인 연령대는 1981~1995년생 밀레니얼 세대였다. 통일에 필요한 세금 부담이 이유였다. 목소리를 낼 수 있게 되면서 어떻게 행동하는 것이 자신들에게 이득이 되는지 본능적으로 알고 있다.

정치도 온라인

90년생이 통제를 반대하는 특성을 보인 다른 사례도 있다. 10시 이후 청소년의 게임을 강제 종료하는 셧다운제이다. 2019년 바른미래당에서 여론조사 기관 '모노리서치'에 의뢰한 결과 20대의 52.3%

가 셧다운제에 반대한다고 했다. 모든 세대 중 셧다운제에 반대한 세력은 20대가 유일했다. 90년생이 단지 게임을 좋아해서 반대했다고 생각한다면 큰 오산이다. 모든 정책에는 장단점이 있다는 것을 안다. 가장 큰 이유는 개인을 통제하기 때문이다.

90년생이 무조건적으로 통제를 반대하는 것은 아니다. 남에게 피해를 주지 않는 범위 내에서 자유가 보장되어야 한다. 테러방지법이나 셧다운제는 다른 사람에게 피해를 주지 않는다. 하지만 대의를 위한 어쩔 수 없는 통제에는 기꺼이 응한다. 정부는 코로나19의 지속적인 확산을 막기 위해 상당 부분의 자유를 통제했다. 사회적 거리두기 2.5단계에서는 프랜차이즈 카페에서 취식할 수 없다. 음식점도 9시 이후에는 포장이나 배달만 가능하다. 마스크를 끼지 않으면 대중교통을 이용하지도 못한다. 이렇게 강한 통제에도 큰 반대 없이 지켜나간다.

90년생은 정치에 관심이 없다는 인식이 팽배한 시절이 있었다. 20대 투표율이 낮은 것도 '요즘 애들은 정치에 관심이 없어서'라고 생각했다. 실제로 관심이 적기도 했다. 하지만 세월호 사건과 메르스에 대한 대응을 보면서 정치 참여의 필요성을 느꼈다. SNS에 익숙한 세대답게 온라인으로 정치적 의견을 주고받는다. 세월호 사건 직후에 있었던 2014년 지방선거에서 20대의 투표율이 급상승했다. SNS로 연결되어 있는 90년생에게 투표 장려 운동은 큰 힘을 발휘했다.

　온라인에서 비밀스럽게 주고받는 90년생의 의견을 실시간으로 알기 힘들다. 보통 사회에 뚜렷한 징후가 나타난 후 알게 된다. 우리나라 90년생과 비슷한 성향을 보이는 미국의 Z세대는 온라인 연대로 트럼프에 반대했다. 오클라호마주 털사 시의 은행센터에서 진행된 트럼프 대통령의 대선 유세에는 3분의 2가 빈자리였다. 온라인을 중심으로 참가한다고 예약을 하고 노쇼를 하자는 움직임이 비밀스럽게 일어났다. 이런 계획을 알지 못했던 트럼프는 100만 명이 참가 신청을 했다고 홍보했으나 실제 참석자 수는 6200명에 불과했다.

　미국 틱톡을 중심으로 이루어지던 노쇼 캠페인에 우리나라도 일부 참가했다. 조회수 25만 회를 기록한 영상에서 노쇼 챌린지 참가자로 K팝 팬을 지목했다. 많은 K팝 팬들이 참가했고 결국 계획은 성공적이었다. 미국 CNN 방송은 트럼프의 유세 실패 원인 중 하나가 K팝 팬들의 노쇼였다고 보도했다. 대서양을 건너 미국에까지 영향을 끼칠 수 있는 것이 디지털 시대의 정치다. 90년생에게 정치란 꼭 촛불을 들고 나가는 것만을 의미하지 않는다. 일상이나 온라인에서 보여주는 작은 표현도 하나의 정치 행위다.

　투쟁의 삶을 살아온 세대가 봤을 때 90년생의 정치는 가볍다. 하지만 90년생은 오히려 정치는 진중하고 무거워야 한다는 것이 편견이라고 생각한다. 개인의 의견들이 모여 행동하는 것이 정치다. 그래서 의견을 쉽게 말한다. 대학내일에 따르면 90년생의 92.3%가 6개월 내에 소신을 표현한 적이 있다고 한다. '나의 관심과 참여로 사회가 긍정적으로 변할 수 있다'는 응답도 60.4%였다. SNS에서 '좋아요'를 누르는 행위가 자신을 드러내고 사회를 바꾸기 위한 움직임인 것이다.

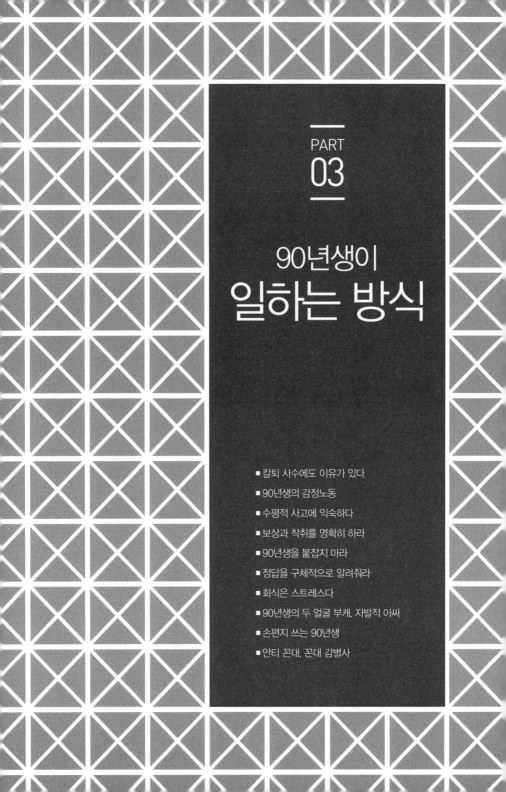

PART
03

90년생이
일하는 방식

- 칼퇴 사수에도 이유가 있다
- 90년생의 감정노동
- 수평적 사고에 익숙하다
- 보상과 착취를 명확히 하라
- 90년생을 붙잡지 마라
- 정답을 구체적으로 알려줘라
- 회식은 스트레스다
- 90년생의 두 얼굴 부캐, 자발적 아싸
- 손편지 쓰는 90년생
- 안티 꼰대, 꼰대 감별사

칼퇴 사수에도
이유가 있다

왜 회사를 위해 일해야 하죠?

90년생은 수직적 문화에서 오는 불합리함을 거부한다. 사회적으로도 괴롭힘 방지법이 통과되는 등 잘못된 문화를 바로잡고 있다. 지금은 사랑의 매라고 합리화하며 훈계하던 시절이 아니다. 과거 당연시했던 훈계 방식이 지금은 아동학대로 인식되고 있다. 직원은 회사와 계약관계일 뿐이다. 그래서 90년생은 계약에 없는 사항으로 제약하려고 하면 저항한다. 지금은 회사 임원이든 사원이든 접하는 정보의 질이 크게 다르지 않기 때문에 직책에 따른 권력이 강하지 않다.

2019년 7월 16일부터 괴롭힘 방지법이 시행되었다. 지위 또는 관계의 우위를 이용하여 업무상 적정 범위를 넘어 신체적 정신적 고통을 주어서는 안 된다. 직장 내 '갑'의 위치에서 행하는 폭언이나 성희롱을 법으로 제재하는 것이다. 불합리하다고 공감대를 형성한 분야는 구체적으로 지정했다. 술자리를 강요하고 주말에 업무 지시를 하는 등 잘못된 관습을 바로잡으려는 시도이다. 아직 시행된 지 얼마 되지 않아 문제점이 많다. 인간관계라는 것이 명확하게 문서화할 수 없어 혼란스럽기도 하다.

괴롭힘 방지법은 세대 간 입장 차이 문제가 아니다. 서로 이해해야 하는 문제도 아니다. 애초에 다른 게 아니라 틀린 것이다. 예전에도 직장 내 괴롭힘을 가볍게 생각하지 않았다. 해결해야 하는 문화라는 의식도 가지고 있었다. 다만 사회적 분위기에 눌려 있었던 것뿐이다. "어딜 가도 비슷해", "조금만 참아봐" 하는 주변의 말 때문에 나서기 더 힘들었다. "옛날에는 이 정도는 괜찮았는데"라고 한다면 옛날에 그 사람은 당신에게 상처를 받았을 가능성이 크다. 지금 사람들이 싫어하는 일을 그때 사람들은 싫어하지 않았다는 생각은 모순이다. 사람이 좋아하고 싫어하는 것은 시간이 지난다고 바뀌지 않는다.

교육심리학자 프레더릭 스키너 박사는 부모가 자녀를 체벌하는 이유의 80%는 '훈육을 가장한 화풀이'라고 했다. 체벌이 훈육에 효과적이지 않으며 신체적 정신적 발달을 저해한다는 연구 결과가 쏟아지고 있다. 많은 전문가들의 주장에 따라 사랑의 매는 이제 아동학대가 되었다. 체벌받지 않는 환경에서 살아온 90년생에게 직장에서의 폭언은 당혹스럽다. 상호 존중이 당연한 사회에서 살다가 갑자기 수직적 문화를 받아들이기 쉽지 않다.

90년생은 회사에 충성해야 한다고 생각하지 않는다. 회사는 상호 필요에 따른 계약관계일 뿐이다. 숙련된 기술을 요구한다면 그에 맞는 보상은 당연히 뒤따라야 한다. 엑셀, 캐드, 포토샵을 모두 잘 다루는 숙련자를 찾으면서 최저시급을 제시하는 회사는 SNS에서 조롱거리가 된다. 자기계발은 틈틈이 하지만 '회사 업무를 더 잘하기 위해서' 하는 것이 아니다. 내 몸값을 올리려고 하는 것이다. 지금 회사에서 내 노력을 알아주지 않으면 다른 곳으로 떠날 생각이다.

수평적 문화가 자리 잡은 배경에는 온라인의 발달이 있다. 인터넷으로 정보를 쉽게 구할 수 있는 시대다. 예전처럼 직책이 올라가야 회사의 전반적인 면을 볼 수 있는 게 아니다. 정보가 상당 부분 인터넷에 공개되면서 직책이 올라간다 해도 접할 수 있는 정보의 질은 떨어진다. 직장 내 상급자들과 정보 격차가 사실상 없어졌다. 이것은 곧 실질적인 권력이 줄어들었다는 뜻이다.

칼퇴는 계약상 보장된 권리다

90년생에게 정시 퇴근은 무엇보다 중요하다. '칼퇴'라는 말은 당연한 권리를 인심 쓰는 듯한 느낌을 준다는 이유로 점차 사용하지 않는다. 예측할 수 없는 야근이 반복되면 퇴근 후 시간을 활용하기 힘들다. 친구들과 약속을 잡기 어렵고 자기계발을 위해 학원을 등록하기도 애매하다. 결국 퇴근 후 시간은 '버리는 시간'이 된다. 불확실한 상태에서는 아무것도 하지 못한다. 회사를 다니는 것은 자기 시간을 내어주고 돈을 받는 것이다. 명확하지 않은 야근 때문에 시간을 버리는 것을 사양한다.

"5시 되면 다들 무의식적으로 퇴근을 떠올리지 않나요? 5시 넘어서 갑자기 회의가 잡히면 숨이 막힙니다. 시간이 없으면 바로 본론으로 넘어가야 하는데 왜 잡담이나 하고 있는지 모르겠어요."

불필요하다고 느끼는 회의를 하는 것만으로도 짜증이 나는데 퇴근 시간이 임박해서 회의를 잡는다. 대부분은 개선됐지만 아직 퇴근하지 않는 것을 미덕으로 여기는 문화가 남아 있다. 몇 분 일찍 와서 업무를 준비해야 한다고 말하는 것도 일종의 야근 강요이다. 이런 문화를 접해보면 공기업이나 공무원만을 바라보는 사람들이 이해가 된다. 야근 자체도 싫은데 불필요한 야근은 퇴사하기에 충분한 사유가 된다.

1970년대생 관리자 C씨는 급한 업무가 있어 퇴근한 사원 D씨에게 전화를 걸었다가 볼멘소리를 들었다. 퇴근했으면 이날 업무도 끝이라는 D씨의 설명이 틀린 것은 아니다. 결국 이날 급한 업무는 관리자인 C씨 혼자 정리할 수밖에 없었다.("'도대체 야근을 왜 해요?' 90년대생을 아시나요", 한승곤, <아시아경제>, 2019. 8. 9.)

실제로 혼자 야근하는 선배에게 저렇게 말하는 사람은 많지 않겠지만 이해는 간다. 선배와의 사이가 안 좋고 회사가 마음에 들지 않을 때 할 만한 행동이다. 보통의 90년생들은 퇴근 후 급한 업무 연락을 이해한다. 하지만 자주 그러면 진짜 저런 말을 들을 수 있다.

90년생이 '정시 퇴근'만을 요구하는 것은 아니다. 대부분 책임감을 가지고 해야 할 일이 있으면 한다. 야근 자체에 대한 거부감이 심한 사람은 별로 없다. 약속이 있는데 야근을 하게 된다면 짜증이 나는 정도이다. 노동법에 따르면 야근했을 때 추가 수당을 주어야 한다. 법대로 1.5배의 초과수당만 주면 주말이라도 기쁜 마음으로 나와서 일한다. 하지만 회사에서 원하는 야근은 이런 것이 아니다. 30분~1시간 정도만 하면 마무리할 수 있으니 '돈을 받지 않고' 초과근무를 해주기를 원한다. 90년생이 무료봉사를 거절하니 퇴근만 중요하게 생각한다고 오해한다.

다른 선진국에도 야근이 있다. 선진국에서 야근이 논란이 되지 않는 것은 그만큼 보상을 하기 때문이다. 미국에서 파견 나온 사람과 회의를 할 때였는데 회의가 길어져 6시가 되자마자 본사로 전화를 걸어 야근을 구두 결재로 받는 것이었다. 결재가 나지 않았다면 일이 남아 있더라도 퇴근했을 것이다. 90년생이 일이 남아 있는 상태에서 퇴근하는 이유도 같다. "1시간 야근하면서 마무리하고 내일 10시 30분에 출근할게요"라고 하면 거절할 것이 뻔하니 물어보지 않는 것이다.

처음부터 야근을 시키려는 목적으로 기본급을 낮게 잡는 곳도 있다. 주 52시간을 채워 오래 근무하게 한다. 90년생은 바보가 아니다. 특별히 똑똑한 것은 아니지만 적어도 다른 세대만큼은 안다. 기본급을 낮게 잡고 야근을 시키는 편법이나 식대 제공이라고 하며 월급에 세액공제가 가능한 금액을 넣는 뻔한 수작들을 인지하고 있다. 기업은 이윤 추구가 목적이라고 한다. 마찬가지로 90년생도 돈을 벌기 위해 회사에 다니는 것이다.

수평적인 환경에서 자란 90년생은 인권을 존중하지 않는 문화에 어색함을 느낀다. 회사와는 계약관계 그 이상도 이하도 아니며, 계약된 내용을 지키는 것을 중요하게 생각한다. 서로 계약 사항을 지키지 못하면 함께할 이유가 없다. 그러니 퇴근 시간을 지키는 것도 당연하다. 더 해야 하는 일이 있으면 추가 수당을 지급해야 한다. '눈 가리고 아웅'은 통하지 않는다.

승진 대신 N잡

야근을 싫어하는 이유는 기성세대나 90년생이나 비슷하다. 출퇴근 시간을 제외하면 개인 시간이 얼마 남지 않기 때문이다. 행동으로 옮기느냐 옮기지 않느냐의 차이는 개인과 회사를 얼마나 동일시하느냐에 있다.

최저임금이 가파르게 오르고 최저월급과 일반 중소기업의 월급 차이가 줄어들고 있다. 경쟁력이 없는 중견기업이라면 월급에서 큰 차이가 나지도 않는다. 그 말은 어디를 가든 지금과 비슷한 삶의 질은 유지할 수 있다는 뜻이다. 최악의 경우라도 신입으로 다시 지원하면 된다. 연봉이 높은 대기업 재직자도 마찬가지다. 국내에서 대체가 힘든 삼성전자, 현대자동차, 공기업 정도만 예외로 볼 수 있다. 퇴사를 해도 비슷한 회사에 들어갈 자신이 있으니 회사와 맞지 않다고 느끼면 쉽게 나간다.

반면 기성세대는 그렇지 않다. 그동안 쌓은 경력으로 직무, 직종 선택에 영향을 받는다. 한 회사에 적응하며 주어진 일은 누구보다 잘할 수 있지만 새로운 일은 두렵다. 연봉을 맞춰줄 수 있는 회사도 많지 않다. 반드시 지금 다니는 회사에서 살아남아야 하니 회사에 끌려 다닐 수밖에 없다.

회사에서 미래를 보지 못한 90년생이 선택한 길은 N잡이다. 임원이 되겠다고 말하는 친구는 거의 없지만 투잡을 하고 싶다는 친구는 많다. 안정적으로 월급을 받으면서 하던 일이 잘되면 퇴사하는 상상을 한다.

90년생의
감정노동

전화는 무조건 신입이 받아야 하나요?

회사는 직원들이 각자 자신의 역할을 하며 조직 단위로 운영된다.
회사에서는 경력이 쌓이면 관리자가 되고 '팀장'이나 '부서장'과 같
은 직책을 맡는다. 자연스럽게 고객과 소통하는 직원은 낮은 직급
이다. 90년생은 아직 사회 초년생이다. 일반적으로 사원에서 주임,
잘해야 대리 초입이다. 물론 직급보다 업무에 따라 고객과 소통하
는 정도가 다르다. 회계 부서 사원은 영업 차장보다 고객과의 소통
이 더 적다. 하지만 평균적으로 낮은 직급일수록 고객과의 접점이
넓다. 특히 고객센터를 따로 운영하지 않는 50~100인 기업에서 뚜
렷하게 나타난다.

회사에서 자기 자리로 걸려온 전화는 당연히 자기가 받는다. 누군가 자리를 비웠을 때 전화가 오면 누가 받을까. 대부분의 회사는 낮은 직급이 당겨서 받는다. 전화를 받는 것이 대단한 일은 아니다. "담당자가 자리를 비웠는데 메모 남겨드릴까요?"라는 정도면 충분하다. 중요한 업무보다 사소한 업무에서 고객을 대할 확률이 높다.

"저랑 업무가 밀접한 사람의 자리에서 전화가 울리면 당연히 제가 받죠. 업무 연관이 없는 사람의 전화가 울리면 직급이 낮은 사람이 받아야 되는데 왜 안 받을까요? 먼저 말하기도 불편하고 어떻게 하죠?"

한 인터넷 카페의 글을 각색한 내용이다. 심지어 오산대학교 블로그를 보면 사무실 전화 예절 중 하나로 전화를 당겨 받는 것을 소개한다. 회사 이름, 부서, 자신의 이름 순서로 말해야 한다는 팁과 함께 신입사원이 받아야 한다고 말한다.

직급이 올라가서 관리자가 되면 어떤 업무보다는 목적이 주어진다. 계속 고객과 소통해야 하는 영업직이라도 업무의 범위가 줄어든다. 밑에서 처리하지 못하는 고객이나 진짜 중요한 고객에게 집중한다. 평소에는 위에 보고해야 하는 서류를 처리하느라 바쁘다. 대다수 고객에 대한 내용은 아래 직급의 사원에게 보고받는 형식으로 숙지한다. 점점 업무가 매뉴얼화되면서 새로운 고객의 니즈를 파악하는 시간도 느려진다.

업무 조절과 감정 조절의 연관관계

소비자에게 안 좋은 감정이 전달되지 않기 위해 90년생의 감정을 컨트롤할 필요가 있다. 프로라면 감정이 업무에 영향을 끼치지 않아야 한다. 하지만 90년생뿐 아니라 기성세대도 감정 조절이 쉽지 않다. 사회생활을 더 오래 한 사람들도 힘들어하는 것을 사회 초년생에게 기대하는 것은 무리다. 프로이기 전에 사람이기 때문에 감정의 영향을 받는다. 지금의 안 좋은 감정이 전화를 받을 때 소비자에게 전달되면 회사는 타격을 입는다.

회사를 다니면서 받는 스트레스에는 업무 스트레스와 사람 스트레스가 있다. 과도한 업무로 인한 스트레스도 고객에게 전달된다. 할 일이 많은데 전화를 끊지 않고 계속 말하면 업무가 중단된다. 그렇게 되면 고객의 기분이 상할 수도 있는 말이 튀어나오게 된다. "누구한테 물어봐도 그건 안 됩니다"라고 딱 잘라 말하고 전화를 끊어버린다. 아니면 담당자한테 전화하라고 하겠다고 한 후 하던 일을 계속한다. 여유가 있었다면 친절하게 대했을 텐데 불친절한 말이 튀어나온다.

업무로 인한 스트레스를 줄이기는 힘들다. 해야 하는 업무는 정해져 있고 사람을 더 뽑을 수도 없다. 결국 사람에 대한 스트레스를 최대한 적게 받아야 한다. 물론 사람 간의 갈등은 일어날 수밖에 없다. 그래도 최소화하기 위해 서로 존중해야 한다. 폭언과 같이 누가 들더라도 기분 나쁜 말은 하지 않아야 한다. 사람에 따라 호불호가 갈리는 말도 하지 않는 것이 좋다. 어떤 사람인지 파악하고 성향에 맞게 주의를 기울인다.

수평적 사고에
익숙하다

팀플로 학점 딴 세대

대다수의 회사가 수직적 지시를 통한 빠른 업무 수행이 최선이라고 생각했다. 하지만 90년생은 수평적으로 일할 때 더 큰 시너지 효과를 낸다고 생각한다. 이런 인식의 차이가 결과의 차이를 부른다. 90년생이 펭수를 만들 수 있었던 것도, 펭수를 좋아하는 이유도 수평적 사고를 추구하기 때문이다. 수평적이면서 뛰어난 성과를 내는 구글 방식으로 일하기를 기대한다. 대기업과 스타트업에서는 수평적 호칭을 도입하며 사회의 인식 변화를 따르고 있다.

기성세대가 수직적 사고를 선호하는 이유는 그 방식으로 성공한 경험이 있기 때문이다. 우리나라는 세계적으로 손꼽힐 수준의 빠른 성장을 이루었다. 한국은 더 이상 개발도상국이 아니다. G20(세계 주요 20개국)에 들어가는 엄연한 선진국이다. 한번 성공한 경험이 있으면 그 방식을 계속 고집하게 된다. 기성세대가 기존의 성공 방정식을 따르는 것은 당연하다. 사회 전체의 문화를 한순간에 바꿀 수는 없다. 수평적 문화로 바뀌고 있다 해도 수직적 문화가 더 적합한 업종도 있다.

90년생이 수평적 사고를 선호하는 이유도 그 방식으로 성공한 경험이 있기 때문이다. 팀플을 묻어가는 사람이 있다는 이유로 싫어하기도 한다. 하지만 혼자서는 하지 못하는 일을 팀으로 해낼 수 있다는 것을 부정하는 사람은 없다. 실패 경험도 많지만 성공 경험도 있다. 여러 사람이 수평적으로 대화하며 만든 성과의 질을 경험하고 팀의 위력을 깨달았다. 회사는 돈을 받고 다니는 만큼 무임승차가 힘들다는 것도 큰 요소이다. 90년생이 볼 때 무임승차만 없으면 수평적 사고는 성공한다.

90년생의 팀플에는 개인에게 부과된 '역할'이 있을 뿐 '책임'이 없다. 누구라도 자기 의견을 쉽게 말할 수 있는 환경이다. 학생일 때는 모르는 것을 물어보는 것이 두렵지 않다. 당연히 모른다는 전제하에 공부하는 것이기 때문이다. 하지만 회사는 모든 일에 책임이 부과된다. 회사에서 의견 제시를 하면 주변 사람의 업무가 늘어난다. "자네가 책임지고 진행해보게" 하는 예상치 못한 대답이 나오면 내 업무만 늘어난다.

수평적인 사고로 성공한 대표적인 기업이 구글이다. 구글에서는 어떤 팀이 성공하는지 알아보기 위해 '아리스토텔레스 프로젝트'를 진행했다. 그 결과 수평적이고 민주적으로 업무 처리를 한 팀의 성과가 가장 높았다고 한다. 팀원들은 부담 없이 자기 의견을 말하고 자신이 중요한 역할을 맡았다고 여기며 팀뿐 아니라 자신을 위해서 일한다고 생각한다. 믿을 수 있는 팀원들끼리 명확한 계획을 세우고 진행했을 때 성공한다.

수평적 문화를 잘못 이해하는 사람들이 있다. 의견이 나뉘는 부분을 다수결로 결정하라는 의미가 아니다. 결국 책임자의 결정하에 진행되어야 한다. 수평적인 기업인 구글도 그렇다. 의사 표현이 수평적으로 바뀌었다고 해도 책임 소재는 여전히 수직적이다. 여기에는 세심한 리더십이 필요하다. 팀원들이 자신들의 의견을 존중받는다고 느끼면서도 리더의 결정을 받아들이게 해야 한다.

수평적 사고가 만든 '펭수'

EBS 프로그램에 등장하는 캐릭터 '펭수'는 수평적 사고로 성공한 사례이다. 펭수 제작진 대부분이 2030세대이다. 펭수를 기획한 이슬예나 메인 PD도 30대 중반에 불과하다. 남녀 비율도 비슷해서 수평적 사고가 성공할 수 있는 환경을 갖추었다. 새로운 시도가 성공하여 누적된 적자로 위기에 빠진 회사를 구했다. 한번 성공했다고 해서 같은 방법으로 계속 성장할 수 없다. 혁신이 필요할 때 EBS는 2030세대의 수평적 사고를 활용했고, 2019년 200억 원대의 적자에서 2020년 흑자 전환을 이뤘다.

펭수에 대해 잘 모르는 사람들을 위해 잠시 설명을 하겠다. 펭수는 크리에이터가 되기 위해 남극에서 한국으로 왔다. 뽀로로의 성공을 보고 펭귄이 성공할 수 있는 나라로 한국을 선택한 것이다. 비행기를 타고 스위스에 갔다가 거기에서 인천 앞바다까지 헤엄쳐서 왔다. 중간에 들렀던 스위스에서는 요들송을 배웠다. 210미터라는 큰 키 때문에 남극에서는 따돌림을 당했다. 나이는 열 살이고 성별은 없다. 펭수는 펭귄이기 때문에 인간에게 적용되던 많은 기준들이 적용되지 않는다.

펭수는 원래 어린이를 대상으로 한 콘텐츠였다. 어린이들도 좋아하지만 펭수를 띄운 것은 90년생이었다. 수평적인 환경에서 자라 수직적인 문화에 적응하며 느낀 답답함을 펭수가 풀어줬다. 지위가 낮다는 이유만으로 참아야 했던 순간에 펭수는 당당하게 말한다. 사장도 그냥 친구처럼 대한다. "사장님이 친구 같아야 회사도 잘된다"라고 하며 김명중 사장을 자주 언급한다. 계속 들으니 김명중이라는 이름이 친숙하게 느껴질 정도이다. 어디를 가든 '대

빵'을 찾으며 야욕에 불타지만 특별하게 대하지 않는다.

펭수의 수평적 사고는 갑질 앞에서 더 빛난다. EBS에서 면접을 보고 면접관이 나중에 결과를 통보하겠다고 하면 말을 끊는다. "여기서 하세요. 그래야 SBS를 가든 KBS를 가든 할 것 아닙니까" 하며 면접관을 당황시킨다. 면접에서 잘 보여야 하는 '을'일 수밖에 없는 90년생이 좋아하는 포인트다. 한창 취업 준비 중인 90년생은 왜 이 회사여야 하는지 돈이 아닌 다른 이유를 준비한다. 압박 면접이라는 말을 하며 자존감을 깎아내리던 회사를 향한 사이다 발언에 신선함을 느낀다. "주변 눈치를 보고 있구나. 눈치 보지 말고 원하는 대로 살아라. 눈치 챙겨"라는 발언에서 "눈치 챙겨"라는 유행어가 생겼다.

〈자이언트 펭TV〉 영상은 진짜 팬이 아니면 다 챙겨 보기 힘들 정도로 많다. 그중 90년생이 찾아보는 내용은 대부분 사이다 발언이다. 추석 전에 진행된 '잔소리 근절 캠페인'에서는 어린이들이 듣기 싫은 잔소리 순위를 매겼다. 선거 운동 차량을 타고 다니며 홍보했다. EBS 옥상에서 뚝딱이의 "다 너 잘되라고 하는 이야기"에는 "제가 알아서 하겠습니다. 잔소리하지 마세요"로 받는다. 평등해지고 싶은 욕구가 얼마나 큰지 알 수 있다.

몇 년 전부터 기업에 수평적 문화를 도입하려는 움직임이 있었다. 삼성은 모든 직원의 호칭을 '프로'로 통일했다. SK텔레콤은 자유로운 토론 문화 정착을 위해 호칭을 '님'으로 통일했다. 에듀윌은 모두 동일하게 '매니저'라고 부른다. 더 혁신적인 성향이 강한 스타트업은 영어 이름을 도입하고 대표와도 평등하게 지낸다. 수평적 문화로의 전환은 피할 수 없는 현상이다. 사회적 공감대가 형성되고 대기업에서 시행하면 대부분의 중소기업은 같은 모델을 도입한다.

단순히 호칭을 조금 바꾼다고 수평적 사고가 생기지 않는다. 2018년 구인구직 플랫폼 사람인에서 962개 회사를 대상으로 조사한 결과 호칭 파괴 제도를 도입한 기업 중 다시 직급 체계로 돌아간 비율이 88.3%였다. 섣불리 따라 했다가는 실패할 가능성이 크다. 기업 전체의 성향은 호칭을 바꾼다고 해결되지 않는다. 제도에 더해 직원 개개인의 인식 변화가 필요하다. 회의와 업무 지시 방식도 바뀌어야 한다. 단순히 좋아 보인다고 적용했다가는 원래대로 돌아가게 된다.

보상과 착취를
명확히 하라

미래의 보상은 오늘의 착취

회사를 지원할 때는 돈이 아닌 다른 목적이 있는 듯이 자기소개서를 쓰지만 결국은 돈을 벌기 위해 다닌다. 월급을 주지 않는 회사에 계속 다닐 사람은 없다. 보상은 단기간에 받을 수 있는 것으로 제시해야 한다. 임원이 되면 많은 연봉을 받을 수 있다는 식의 제안은 의미가 없다. 지금 당장 받을 수 있는 보상을 원한다. 회사와 개인은 계약관계이다. 회사가 돈을 주고 개인의 시간을 산 것이다. 주인의식을 들먹인다면 90년생은 나를 착취하겠다는 의미로 받아들인다.

90년생은 돈의 가치를 낮게 평가한다는 글을 볼 때마다 많은 90년생은 이질감을 느낀다. 자본주의 사회에서 어떻게 돈을 중요하지 않게 생각하겠는가. 글로벌 리서치의 연구에 따르면 기성세대나 90년생이 회사에서 가장 중요하게 생각하는 것은 '임금'이라고 한다. 큰 차이는 나지 않지만 기성세대(37.8%)보다 90년생(38.3%)이 조금 더 높다.

90년생은 자기 몫은 자기가 챙겨야 한다고 배웠다. 부당한 것이 있으면 당당하게 개선을 요구한다. 권리를 침해받았다면 대응할 수 있는 카드를 찾는다. 절이 싫으면 중이 떠나라고는 하지만 그냥 떠나지 않는다. 내가 받은 부당함은 회사에 돌려주고 떠난다. 90년대 초반에 태어난 사람들의 첫 이직이 시작되고 있다. 일반적으로 3년, 5년, 10년 차에 이직의 큰 기회가 찾아온다고 한다. 업무의 주축이 된 3~5년 차가 퇴사를 하면 회사는 타격을 받기도 한다.

30분 정도의 야근을 당연시하는 회사들이 꽤 있다. 8시 반에 출근해서 6시에 퇴근하는 것이다. 9시에 출근해서 6시 반에 퇴근하는 회사도 있다. 이런 방식으로 하루 30분의 야근을 비공식적으로 강요한다. 이런 말을 들으면 90년생은 자기 일처럼 분노하며 퇴사를 지지하고 정당한 대가를 받으라고 한다. 퇴사하면서 그동안 암묵적으로 진행된 30분의 야근에 대한 비용을 회사에 청구하는 것은 흔한 일이다. 증거를 모아 고용노동부에 제출한다. 몇몇 회사는 퇴사한 사람들의 청구서에 못 이겨 정상 시간으로 돌린다.

미래에 보상해주겠다는 말은 결코 매력적인 카드가 아니다. 90년생은 무슨 일이 있어도 이 회사에서 버텨야겠다고 생각하지 않기 때문이다. 10년 뒤에도 회사에서 일하는 모습을 상상하지 않는다. 1년 뒤에 여기 없을지도 모른다. 그래서 임원이 되었을 때의 월급이나 불명확한 보상은 신뢰하지 않는다. 지금 바로 받을 수 있는 확실한 보상을 선호한다. 회사 사정으로 지금 당장 보상을 약속하지 못할 수 있다. 그래도 길어야 1~2년 내에 받을 수 있는 조건을 걸어야 한다. 돈만큼 사람을 움직이기 쉬운 것은 없다.

2010년을 전후로 주인의식을 가지고 일해야 한다는 말이 유행했다. 자기 사업인 것처럼 일하라는 것이다. 10년이 지난 지금 주인의식을 운운하면 시대에 뒤처져 보인다. 외식경영전문가 백종원은 한 달에 한 번 '백종원의 장사 이야기'를 통해 자영업자에게 질문을 받고 자신만의 노하우를 털어놓는 소통의 시간을 가진다. 누군가 백종원에게 "직원들에게 주인의식을 심어줄 수 있는 방법이 있나요?"라고 물었다. 백종원은 생각하지도 않고 바로 "없어요"라고 대답했다. 네티즌들은 질문한 사람을 욕할 정도로 주인의식이라는 말을 싫어했다. 기업은 직원 개개인의 주인의식으로 운영되는 것이 아니다.

모두의 공감을 얻지 못하면 오래 유지하지 못한다. 2000년대에 떠오른 '자기계발'은 회사와 개인 모두 공감했다. 그로 인해 회사는 활용할 수 있는 인재풀이 늘어나고 개인은 더 많은 보상을 받을 수 있었다. 2020년에도 '업글 인간(업글은 업그레이드의 줄임말로 성공보다는 성장을 추구하는 자기계발형 사람을 가리킨다)' 등으로 이름만 바뀌어 계속 유지되는 이유다.

반면 주인의식은 구조적인 오류가 있다. 직원이 주인의식을 가지고 업무 스케줄을 스스로 조정하면 안 된다. 결재를 받지 않고 뭔가를 구입하면 책임을 묻는다. 주인의식이 실패한 이유는 회사에 유리한 상황에서 '희생'하라는 의미를 담고 있기 때문이다.

당연한 권리는 마음껏 누려라

90년생이 생각하는 또 하나의 보상은 당연한 권리가 지켜지는 것이다. 법으로 보장되는 연차휴가를 얼마나 자유롭게 사용할 수 있는지, 퇴근 시간이 되면 눈치 보지 않고 퇴근하는 곳인지가 중요하다. 눈치가 보이더라도 퇴근이 더 중요하기 때문에 퇴근하는 것이지 눈치가 안 보이는 것이 아니다. 원래 자유롭게 쓸 수 있어야 하는 연차를 휴가로 지정하고 생색내는 것에 오히려 의문을 표한다. 법으로 보장된 보상은 최소한 지켜져야 한다고 생각한다.

70년생과 80년생은 90년생보다 연차가 많다. 연차 개수는 근속연수에 따라 결정된다. 근로기준법 제60조에 따라 2년마다 연차가

1개씩 늘어난다. 그런데도 윗세대가 연차를 더 적게 사용할 때가 많다. 회사 눈치를 보며 정말 필요할 때만 쓴다. 특별한 집안 행사가 있거나 큰 진료를 받아야 할 때 사용한다. 많은 연차를 남길수록 회사에 헌신적이라고 느낀다. 수당으로 돌려주지 않고 그대로 사라져버리는데도 말이다. 자기는 눈치 보느라 쓰지 못하고 있는데 뒷세대가 연차를 남김없이 소진하는 것을 보면 못마땅하다.

90년생은 '하계휴가'라는 말도 어색하다. 어차피 내 연차를 쓰는 것인데 '5개를 이어서 쓸 수 있는 권리'가 뭐가 대단한 건지 이해할 수 없다. 어차피 1년에 쓰는 연차는 정해져 있다. 2주를 연달아 쉬든 나눠서 사용하든 상관없는 것 아니냐고 생각한다. 연차를 자유롭게 사용할 수 있다고 했는데 처음 회사에 들어가면 속은 느낌이다. 회사 문화에 맞춰 휴가 기간에 5개를 소진하지만 기분이 좋지 않다. 어차피 나에게 주어진 권리이기 때문에 다 소진하는 것은 당연하다.

"대놓고 말하지는 않는데 일찍 출근하라고 눈치를 줍니다. 직접 말을 못 하는 것은 자기도 문제가 된다는 것을 알고 있다는 거 아닌가요? 그냥 규정대로만 하면 좋겠어요."

업무 준비 시간을 근로시간에 포함하지 않으면 불법이다. 회사는 법을 지키고 있는데 직원이 나서서 불법을 조장한 것이다. 보상과 착취에 예민한 90년생이 10분 일찍 오기를 바란다면 계약부터 8시간 10분 근무를 명시하고 월급에 포함해야 한다.

　일은 잘하는 사람에게 몰린다고 한다. 시키는 일을 바로바로 잘하면 일이 점점 늘어난다. 기성세대는 나중에 승진으로 이어진다고 생각한다. 하지만 회사에서 미래를 꿈꾸지 않는 90년생은 불합리하게 느낀다. 일을 더 많이 시킬 것이라면 그만큼의 보상이 즉시 따라야 한다. 일을 잘한다는 이유로 더 많은 일이 주어진다면 오히려 일을 못하는 척한다. 빨리 해봐야 자기한테 유리할 것이 없다고 생각한다. 일을 끝내고도 딴짓을 하며 시간을 보낸다.

90년생을
붙잡지 마라

회사의 프로젝트는 나에게 어떤 이득인가?

왜 해야 하는지 스스로 알고 일하는 것과 수동적으로 시켜서 하는 일은 다르다. 90년생만이 아니라 누구나 마찬가지다. 사람마다 동기부여가 되는 말과 행동이 다르다. 90년생에게 동기부여를 할 수 있는 키워드는 '개인'과 '사회'다. '회사'를 위해서라고 하면 뒷이야기를 듣지 않고 귀를 닫는다. 단체를 위해 희생하겠다고 생각하는 사람은 없다. 90년생이 관심을 가지는 것은 개인의 성장과 사회적 기여이다. 이 2가지를 바탕으로 동기부여를 해야 한다.

가장 쉬운 동기부여는 아무래도 돈이다. 더 많은 금액을 제시하면 알아서 열심히 일한다. 힘들다는 택배 업무도 돈이 된다는 이유로 사람이 몰려 자리가 없을 정도다. 자본주의 사회에서 돈은 필수라는 것을 안다. 돈에 목숨 거는 사람도 많다. 더 많은 돈을 위해 상당 부분을 희생할 준비도 되어 있다. 하지만 회사는 투자할 수 있는 돈에 한계가 있고 그 안에서 최선의 결과를 이끌어내야 한다.

90년생은 주어진 일이 자신의 커리어에 도움이 된다고 판단되면 최선을 다한다. 애사심이 없다고는 하지만 회사에서 얻을 수 있는 것이 많다는 것을 부정하지 않는다. 무엇보다 이직할 때 필요한 실무를 익힐 수 있다. 학원을 다닐 때와 달리 돈을 받으며 실력을 키울 수 있는 곳이다. 내 돈을 투자하지 않고도 경험을 쌓을 수 있는 최적의 장소이다. 사내 정치에는 관심 없지만 회사 동료들은 중요하게 생각한다. 이직 후에도 정보를 교류할 수 있는 소중한 사람들이다.

90년생을 움직이려면 지금 맡은 일이 개인의 커리어에 어떤 도움이 되는지 알려줘야 한다. 큰 프로젝트가 있다면 "우리 업계에서 이 프로젝트 모르는 사람이 없어"라는 식으로 말한다. 그 프로젝트에 참여했다는 사실 자체가 하나의 이력이 된다는 것이다. 다른 회사에서도 알 만한 프로젝트라면 이직에 도움이 된다. 지금 하는 일이 이 회사에 국한된 일만이 아니라는 것을 알려주어야 한다. 회사를 위해 일한다고 생각하지 않고 자신을 위해 일한다고 생각하면 업무 능률도 당연히 올라간다.

90년생이 회사를 떠나는 이유

큰 프로젝트가 아니라도 회사에서 개인의 커리어를 개발할 방법은 많다. 심지어 큰 성과를 올리지 않고 그저 회사에 다니는 것만으로도 경력이 쌓인다. 90년생은 기본적으로 이직을 생각하고 있다. 중소기업보다 비율은 적지만 대기업에 근무하는 경우에도 이직을 많이 고려한다. 공기업이나 공무원은 예외일 수가 있다. 90년생에게는 직접적으로 이직에 도움이 되는 말을 해주어도 된다. 지금 맡은 업무가 우리 회사뿐 아니라 다른 곳에서도 충분히 활용될 수 있다고 설명하는 것이다.

경영 컨설턴트 시드니 핀켈스타인(Sydney Finkelstein)은 《슈퍼 보스 : 위대한 리더들의 특별한 인재관리법》에서 유능한 직원을 붙잡지 말라고 한다. 직원의 가치만큼 보상을 제공하지 못하면 떠나는 것이 자연스러운 흐름이다. 일을 잘하는 직원이 떠난다고 아쉬워할 필요 없다. 결과적으로 직원의 이직을 돕게 되더라도 지금 당장 얻을 수 있는 이익에 집중하는 것이 낫다. 회사에서 얻을 수 있는 것이 많다고 느끼면 더 오래 다닌다. 이직을 돕는 행위가 직원이 더 오래 다니는 이유가 된다.

지금 회사에서 하는 일이 사회에 어떤 역할을 하는지 설명하는 것도 좋다. 주의할 점은 회사에서 맡은 역할이 아니라 사회에서 맡은 역할을 말해줘야 한다는 것이다. 회사가 어떻게 성장하는지는 관심이 없다. '켈리 글로벌 산업인력 지표'에 따르면 젊은 직장인의 51%가 '더 중요하고 의미 있는 일'을 위해서는 연봉이나 직위가 낮아지는 것도 받아들인다고 한다. 회사를 위해 희생하지는 않지만 사회를 위해 기여하는 것은 중요하게 생각한다.

임홍택 작가는 《90년생이 온다》에서 "90년생은 '회사에 헌신하면 헌신짝 된다'는 말을 격언으로 삼고, 회사가 아닌 '자기 자신과 본인의 미래'에 충성한다"고 말한다. 맞는 말이다. 회사에 대한 충성심으로 움직이지 않는다. 90년생에게는 개인의 커리어 발전에 도움이 되는 방법을 말해줘야 한다. 사회문제에 기여하는 방법을 제시하는 것도 좋다. 개인의 문제에 맞추는 것이 더 효과적이다. 사회문제는 저마다 다르게 인식하지만 개인의 문제는 모두 가지고 있기 때문이다.

정답을 구체적으로 알려줘라

90년생이 이해하는 법

인터넷 강의를 들으며 자란 90년생은 원하는 정보를 쉽게 얻을 수 있다. 불필요한 정보는 건너뛰기를 하고 필요한 부분만 취하는 데 능숙하다. 따라서 해야 하는 일을 구체적으로 전달받기를 원한다. 스스로 이것저것 시도하며 정답을 찾아가는 것은 시간 낭비다. 정답이 없는 문제라면 몰라도 트레이닝이라는 이유로 알려주지 않는 것을 이해하지 못한다. 구체적인 방법과 정답을 알려주는 방식이 더 효율적이다.

중앙대학교 심리학과 문광수 교수는 피드백의 특성에 따라 효과가 달라진다고 한다. 피드백 구성 요소에는 제공자(관리자, 동료, 자기 자신), 공개 여부, 수용자(개인, 그룹), 전달 방식(구두, 서면, 그래프), 빈도, 구체성이 있다. 그중 구체성이란 정보의 수준에 따라 구체적 피드백이냐 포괄적 피드백이냐를 말하는 것이다. 구체적 피드백은 정해진 시간 동안 직무 수행을 하는 과정에서 목표 행동에 대한 정보를 행동별로 제공하는 것이다. 포괄적 피드백은 목표 행동 전반에 대한 정보를 제공한다.

피드백은 빈번하게 제공됐을 때 효과를 본다. 하지만 다른 직원들도 각자 맡은 업무가 있는데 계속 도와줄 수는 없다. 문광수 교수는 피드백이 빈번하게 이루어지지 않는 환경이라면 구체적으로 알려줘야 한다고 한다. 구체적인 피드백은 직원이 잘하고 있는 업무와 개선이 필요한 업무에 대해 다양한 정보를 주는 것이다. 실제로 적용할 수 있는 유용한 정보들이 많아 즉시 도움이 된다. 하지만 90년생이 생각하는 구체성과 윗세대가 생각하는 구체성이 다르다.

한 분야를 깊이 파고들다 보면 보통 사람들도 이 정도는 알 것이라고 착각한다. 이를 전문가의 저주라고 하는데, 보통 사람이 이해하기 어렵게 설명한다. 아직 일반인에 가까운 신입사원이 전문용어들을 이해하기는 어렵다. 나름대로 공부하고 들어왔지만 실무와 차이가 있다. '이 정도는 알아서 하겠지' 한다면 기대한 만큼의 결과물을 받지 못한다. '이 정도면 사실상 내가 다 한 건데?' 하는 느낌이 들어야 비로소 업무를 이해한다.

대학내일이 밀레니얼 세대와 Z세대 중심의 트렌드와 마케팅 경향을 공유하는 트렌드 컨퍼런스 T-CON에서 선정한 90년생에게 사랑받는 콘텐츠 중에 '후배와 밥 약속 잡는 법'이 있다. 후배와 밥을 먹을 때 어떤 식당을 예약해야 하는지를 설명해주는 영상이다. 어색하지 않게 대화를 이어가는 법도 알려준다. 유튜브는 밥 약속을 잡고 대화를 나누는 사소한 방법까지 설명해준다. 하나부터 열까지 떠먹여주는 콘텐츠를 접한 90년생에게 알아서 하라고 하면 혼란을 겪는다. 90년생이 온전히 이해하려면 생각보다 많은 부분을 설명해야 한다.

지적질과 명확한 지시를 구분하라

90년생은 스스로 잘못된 부분을 찾고 문제를 해결하는 것을 선호하지 않는다. 정답을 아는 사람이 있는데 굳이 시행착오를 겪어야 하는 이유를 모른다. 인터넷에 정답이 나와 있는데 굳이 손으로 문제를 풀어야 하느냐고 생각한다. 트레이닝이라는 이유로 정답을 알려주지 않는 것은 비효율적이다. 쉬운 길을 두고 돌아간다고 생각한다. 열심히 하지 않아도 성공하는 길이 있다면 그것을 선택하는 것이 당연하다. 시행착오는 정답이 정해져 있지 않은 일을 할 때나 필요한 것이다.

불분명한 지시는 비효율의 주범이다. 2016년 사람인에서 직장인 1038명을 대상으로 실시한 조사에 따르면 답답함을 느끼는 가장 큰 요인으로 '불합리한 지시'(52.5%)가 꼽혔다. 명확하게 이해되지 않으니 제대로 된 결과가 나올 리 없다. 상사도 원하는 결과가 나오지 않아 답답하다. 윗세대가 더 잘 알겠지만 상사 앞에서 이해되지 않는다는 말을 꺼내기가 힘들다. 그래서 직급이 높을수록 정말 이해했는지 더 자세히 살펴야 한다. 일을 진행하는 구체적인 방법을 함께 제시하면 서로 생각의 격차를 줄일 수 있다.

능동적으로 일하려면 자율성을 부여해야 한다. 이것은 90년생뿐 아니라 어느 세대나 마찬가지다. 능동적으로 일할 때 재미를 느낀다. 다만 자율을 줄 때 어느 정도까지 행동해도 되는지 명확하게 알려줘야 한다. 아무것도 모르기 때문에 선택지를 몇 개 주는 것이 좋다. 거래처에 관련 내용을 물어봐도 되는지, 다른 데 전화할 때 사명을 밝혀도 되는지 알려줘야 한다. 권한의 범위를 명확히 해야 나중에 문제가 생기지 않는다.

자율을 주었다고 방치하면 안 된다. 정확한 피드백도 주어야 한다. 더 잘 할 수 있는 방법을 제시하고 잘못된 부분을 수정해준다. 이때 말투에 신경 쓰지 않으면 지적질로 받아들일 수 있다. 가급적 부드러운 어투를 사용하는 것이 좋다. 알려주지 않아도 알아서 잘하는 사람들도 있지만 대부분 처음에는 헤맨다. 참고할 수 있는 가

이드라인을 제시하고, 문제가 발생했을 때 해결해주는 모습을 보이면 심리적으로 안정감 있게 일할 수 있다.

메일을 쓰지 않은 세대와 소통하는 법

아무리 회사와 개인을 별개로 생각한다고는 하지만 처음부터 수동적인 사람은 없다. 이왕이면 인정받고 싶어 한다. 하지만 열정을 가지고 시작했다가도 회사 분위기에 따라 수동적으로 변한다. 직원들이 수동적이라면 사내 문화와 시스템에 문제가 있을 확률이 높다. 코펜하겐 비즈니스 스쿨의 루이스 하더(Louise Harder) 박사는 "직원들이 업무에 열중하지 못하는 것은 언제나 관리자의 책임이다"라고 한다. 직원이 불편함을 느끼면 그에 맞는 시스템을 구축해야 한다.

90년생이 수동적으로 변하는 과정을 보면 이렇다. 처음에는 적극적으로 업무를 수행하기 위해 고민한다. 처음이라서 쉽지는 않으니 선배들에게 물어본다. 선배들은 한두 번 물어볼 때는 잘 알려주지만 바쁘면 우선순위에서 밀릴 때가 많다. 업무를 진행하다가 막히는 부분은 계속 나온다. 자신이 하는 업무가 중요하지 않은 일이라는 느낌을 받는다. 어차피 진행되지 않으니 손을 놓기 시작한다. 시키는 일이나 하면서 편하게 다녀야겠다고 생각한다.

지금 업무를 잘하는 사람들도 아무것도 모르던 신입사원 시절이 있었다. 처음부터 잘하는 사람은 없다. 하다 보면 점점 능숙해지는 것이다. 처음 접하는 업무에 서툰 것이 당연하다. 갓 입사한 90년생의 모습은 윗세대의 과거 모습이다. 그때 선배도 지금 나와 같은 생각을 했다. 그러니 인내심을 가지고 천천히 알려주어야 한다.

디지털 세대인 90년생은 메일을 더 편하게 여긴다고 생각한다. 그러면서 바로 옆에 있는데도 말로 하지 않고 카카오톡을 한다고 말한다. 여기에도 잘못된 부분이 있다. 90년생은 회사에 입사하기 전까지 메일을 사용할 일이 거의 없었다. 주로 SNS와 카카오톡으로 대화를 한다. 메일을 주기적으로 확인하는 것에도 익숙하지 않다. 그래서 업무 지시를 메일로 받는 것도 원하지 않는다. 오히려 말로 설명하는 것이 더 효과적이다.

회식은
스트레스다

점심도 혼밥이 편하다

90년생이 회식을 좋아하게 만들 방법은 없다. 업무 외 시간을 중요
하게 생각하는 90년생에게 회식은 스트레스다. 회사를 다니는 이
유가 업무 외 시간을 즐기기 위해서다. 술을 싫어하지는 않는다.
편한 사람들과 어울리는 술자리는 좋아한다. 점심시간에도 혼밥을
한다. 회식은 기피하는 사람들이 많아지면서 점차 없어지고 있다.
모두가 싫어하는 것을 돈을 들여가면서 할 이유가 없다. 가끔 하는
점심 회식이 유일한 회식 문화이다.

2018년 한국경제에서 10년 차 이상 직장인 119명을 대상으로 설
문조사한 결과 지난 10년간 가장 많이 바뀐 직장 문화는 '회식 강제

참여'(37%)였다. 점심 회식이 많아지고 저녁에 하더라도 1차에서 끝난다. 10시를 넘기는 경우는 거의 없다. 2차를 가자는 말을 꺼내기도 부담스럽다. 회식 여부를 미리 공지하고 자유롭게 참석한다. 한국의 회식 문화는 점점 없어지는 방향으로 가고 있다. 회식이 직원의 친목과 회사의 발전에 도움이 되지 않는다고 생각한다.

....

지난해 취업한 정소담(가명, 27세) 씨는 회사 동료들과 노래방을 가본 적이 없다. 회식은 1차에서 대부분 끝나고 2차를 하더라도 몇몇 원하는 사람만 남는다. 원하면 언제라도 빠질 수 있다. 노래를 좋아하면 노래방을 갈 수도 있겠지만, 정씨는 그런 쪽은 아니다.("'회사 사람이랑 노래방을 왜 가죠?' 사라지는 노래방 회식", <한겨레>, 2019. 8. 2.)

....

90년생의 눈치를 보느라 회식이 없어지는 것은 아니다. 위의 인터뷰 내용처럼 90년생이 입사할 때 이미 회식이 없어지는 문화가 정착되었다. 정소담 씨도 노래 부르는 걸 좋아한다면 2차로 노래방을 갔을 것이다. 회식의 단점을 느껴본 적은 없지만 회식이 사라지는 문화는 환영한다. 겪어보지는 않았지만 불편할 것 같다고 생각한다. 내가 싫어하는 일을 하면서까지 회사 사람들의 비위를 맞추기 싫은 것은 당연하다.

과거에 회식은 동료 간에 친목을 다지는 자리였다. 서로의 관심사를 파악하고 사회생활에 필요한 기본적인 에티켓을 알려주기도 한다. 술을 따르는 방법부터 회사 생활을 잘할 수 있는 소소한 팁도 배운다. 서로에 대해 더 잘 아는 것은 업무에 도움이 되므로 업무의 연장선이라는 인식을 가지고 있다. 3차, 4차까지 이어지는 술자리를 하고 다 같이 취하면 친해진 느낌이 든다. 다음 날 숙취로 고생하지만 의미 있는 회식을 위해 어쩔 수 없다.

과거의 회식 문화를 그리워하는 사람들도 있다. 회식은 하되 술을 강요하지 않으면 된다고 생각한다. 하지만 90년생은 회사 사람들과 밥을 먹는 것 자체를 불편하게 여긴다. 더구나 같이 술을 마신다고 단합이 되는 것도 아니다. 단순한 계약관계 이상을 바라며 술자리를 만들지만, 90년생은 비즈니스 관계 이상의 선을 넘지 않았으면 한다. 서로의 필요에 의해 잠시 함께하는 관계에서 집단주의를 내세우는 것을 싫어한다.

시발비용만 늘어날 뿐

국내 대형 유통회사에 다니는 A과장(36세)의 최대 고민은 93년생(26세) 신입사원을 대하는 일이다. 최근 일이 몰려 업무 지시를 했더니 이 사원은 "이건 제 일이 아니다. 팀장님이 시킨 일부터 하겠다"며 거절했다. 회식 날에는 "운동 약속이 있어 불참한다"며 먼저 짐을 챙겨 퇴근해버린다. A과장은 "후배가 틀린 말을 한 것은 아닌데 같은 팀 일원으로서 기분이 썩 좋지만은 않다"고 말했다.("사장님들 '90년대생' 열공…30대 '낀세대는 서럽다' 불만", <조선일보>, 2019. 11. 24.)

....

A과장은 기존의 회식 문화를 거부하는 90년생에게 서운함을 느낀다. 회사에 맞추길 바라는 것이다. 개인의 성과보다 회사 전체를 먼저 생각하기를 바란다. 팀 전체가 참가하는 의미 있는 회식에 당연히 참여해야 한다고 생각한다. 하지만 90년생은 비즈니스 관계 이상을 바라지 않는다. 전체주의 의식을 가지고 있으면 앞으로도 서운함을 느끼는 일이 많을 것이다.

90년생이 회식을 싫어하는 이유는 자기 시간을 뺏기고 싶지 않기 때문이다. 점심 회식도 싫지만 비교적 거부감은 없는 편이다. 시간이 조금 길어져도 어차피 업무 시간이다. 평소보다 조금 더 맛있는 점심을 먹는다고 생각한다. 90년생에게 퇴근 후 시간은 소중하다. 다음 날 업무를 위해 휴식을 취하는 시간이 아니다. 회식은 회사를 위해 개인 시간을 쓰는 것이라고 생각한다. 회식을 하더라도 집중하지 못하고 일어날 타이밍만 노린다.

그렇다고 점심 회식을 선호하는 것도 아니다. 예일 대학교 경영대학원의 조직행동학 전문가 머리사 킹(Marissa King) 교수는 점심 회식에 대한 연구에서 직장인 103명을 대상으로 점심 식사 형태와 퇴근 무렵의 기력을 조사했다. 그 결과 가장 큰 피로감을 호소한 사람은 점심에 의무적으로 사교 모임에 참여한 사람이었다. 심지어 점심시간에 일을 한 사람보다 더 높게 나타났다. 피로감이 가장 적은 사람은 혼밥을 한 사람이었다. 킹 교수는 〈월스트리트저널〉을 통해 "사무실에서 홀로 식사를 하는 것은 나쁜 행동이 아닐 수 있다"고 말했다.

90년생도 술을 좋아한다. 2018년 교육부는 대학 축제에서 주류 판매를 금지했다. 대신 사서 들고 오는 것은 허용했다. 그러자 세종대학교 앞 편의점의 주류 매출이 20배 늘었다고 한다. 축제 첫날 700만 원이 넘는 매출을 올렸다는 것이다. 오래전부터 인류와 함께 해온 술을 90년생도 많이 마신다. 술을 싫어해서 회식을 싫어하는 것이 아니다. 같이 술을 마시기 싫은 것이다. 소주 한 병 사서 집에서 혼자 마시는 것이 더 편하기도 하다.

회식에서 불편한 사람들과 밥을 먹으면 스트레스를 받는다. 식비가 줄어든다 해도 '시발비용'을 생각하면 경제적인 것도 아니다. 시발비용은 스트레스를 받음으로 인해 지출하지 않아도 되는 돈을 지출하는 것을 말한다. 비속어와 비용을 합친 이 말은 회식뿐 아니라 회사와 연관된 일에 전반적으로 사용된다. 쇼핑이나 먹을 것으로 스트레스를 해소할 때 시발비용을 지불했다고 하는데, 애초에 회식을 하지 않았다면 스트레스를 받지 않아 지출하지 않았을 비용이다.

회식에서 평소에 먹기 힘든 비싼 음식을 먹어도 달갑지 않다. 음식은 맛있지만 회식 분위기 때문에 맛을 음미할 수 없다. 퇴근하고 편의점에서 먹는 컵라면이 더 맛있다. 하기 싫은 것은 안 하는 것 외에 해결 방안이 없다. 친한 사이라면 이미 따로 밖에서 만나니 회식이라는 명목하에 억지로 자리를 마련하지 않아도 된다.

90년생의 두 얼굴 부캐, 자발적 아싸

나 회사에서는 안 이래

회사에서 보여지는 모습으로 '어떤 취미를 가졌겠구나'라거나 '어떤 성격이구나'라고 짐작한다면 아마 틀릴 것이다. 회사에서는 조용하지만 친구들을 만나면 활달해지는 사람들이 있다. 회사에서는 비교적 활발하지만 밖에서는 말이 없기도 하다. 그 사람의 진짜 성격을 알려고 하지 않아도 된다. 서로를 이해하는 데 도움이 되지 않기 때문이다. 굳이 사생활을 공유하고 싶어 하지도 않는다. 회사와 사생활을 명확하게 구분하려고 하니 말이다.

90년생은 인스타그램을 통해 자신의 사생활을 공개한다. 한 번도 만난 적 없는 사람도 인스타그램에 올라온 일상을 들여다보고

'좋아요'를 누른다. 친한 친구들이 봐줬으면 좋겠다는 생각도 한다. 하지만 회사 사람들이 보는 것은 싫다. 잔소리 소재가 되거나 쓸데없는 대화가 많아지기 때문이다. 신입사원에게 SNS 하냐고 물어보면 안 한다고 대답하는 사람들이 많다. SNS는 '시간 낭비 서비스'의 약자라고 하는 등 이미지가 좋지 않다. 좋게 보지도 않고 연결되기도 싫으니 그냥 안 한다고 말해버린다.

김인옥 작가의 《90년생이 팀장의 성과를 만든다》에 비슷한 내용이 나온다. 신입사원에게 "어제 인스타 보니까 늦게까지 친구들이랑 술 마셨던데, 그럴 시간 있으면 일이나 제대로 하지"라고 야단을 쳤다. 그러자 신입사원이 "제가 일을 실수한 건 맞지만 제가 친구들과 술 마시고 노는 건 개인적인 사생활인데, 왜 그런 걸 팀장님이 상관하시나요?"라고 반문했다. 극단적인 예시이지만 저런 상황이 나올까 봐 자신의 SNS를 숨긴다. 상사가 어떻게 나올지 모르는 상황에서 말해줄 수 없다.

사람들을 오래 만나다 보면 주된 관심사를 알게 된다. 상대가 말해준 범위에서만 공통 관심사를 찾는 것이 좋다. 그 사람의 하나부터 열까지 알려고 하지 말아야 한다. 누구에게나 말하고 싶지 않은 일들이 있다. 애니메이션 보기처럼 인식이 좋지 않은 취미를 가지고 있는지도 모른다. 마이너한 내용이라 어차피 공감하지 못한다고 생각하는 취미일 때도 있다. 군이 친하지 않은 사람과 취미를 이야기하고 싶지 않다. 시간이 지나고 믿을 수 있는 사람이라고 느끼면 하나씩 말하게 된다.

오늘도
매 순간
불 태웠으니
막내 먼저 가보겠습니다.

롯데칠성의 칸타타 광고 내용이다. 이병헌이 "오늘도 매 순간 불 태웠으니……" 하며 회식을 제의하려고 할 때 박정민이 "막내 먼저 가보겠습니다" 하고 떠난다. 회사원 이미지와 맞지 않는 검도복을 입고 있다. 90년생이 워라밸을 중시하는 모습을 보여준다. 비슷하게 삼성생명의 광고에서는 "저녁 뭐 시켜줄까?" 하는 상사의 질문에 "퇴근시켜 주세요"라고 답한다. 시대가 변했으니 보험도 변했다는 메시지를 전하는 것이다. 회사보다 개인의 삶을 중시하는 것이 전체적인 트렌드다.

회사에서 보여지는 모습으로 90년생을 판단하면 안 된다. 인싸 친구들에게 많이 듣는 말이 "나 회사에서는 안 이래"이다. 평소에는 관심받기 좋아하는 '관종'이라고 스스로 인정하며 어디를 가든 중심에 있다. 클럽 같은 활동적인 곳을 좋아하고 노는 자리에는 빠지지 않고 참석한다. 술자리에서는 분위기 메이커이다. 하지만 회사에서는 다르다. 되도록 나서지 않고 조용히 시키는 일만 한다. 비슷한 나이대 일부와 친해졌지만 진짜 모습까지 보여주지는 않는다.

친구 중 한 명은 회사에서 말을 거의 안 한다고 한다. 친구들과 만날 때는 보통 사람들처럼 말한다. 굳이 따지면 말이 많은 편에 속한다. 하지만 회사에서는 최소한으로만 말한다. 하루 종일 한마디도 안 한 적도 있다. 답답하기는 하지만 굳이 불편한 사람이랑 말을 하는 것보다는 낫다고 생각한다. 회사 동료들은 그를 소극적인 성격으로 알고 있다. 회사에서의 이미지만 보면 퇴근하고도 별일 안 할 것 같다. 자신의 진짜 모습을 감추는 경우가 많기 때문에 속단해서는 안 된다.

자발적 아싸, 선택적 인싸

구인구직 플랫폼 사람인의 조사에 따르면 직장인의 44%가 회사 내에서 자발적 아웃사이더라고 한다. 이유로는 '업무만 제대로 하면 된다고 생각해서'(49%)가 가장 많았다. 이어서 '나의 여가를 지키기 위해서'(48.4%), '관계나 소속감에 크게 연연하지 않아서'(41.9%), '인간관계에 지쳐서'(34.5%) 등이었다. 실천하는 행동으로는 '업무가 끝나면 바로 퇴근하고 개인 시간 갖기'(77.9%)가 1위였다. 이런 아싸 행동에 대다수가 만족하고 있었다. 90.3%는 앞으로도 이런 행동을 이어갈 것이라고 답했다.

이 조사는 90년생뿐 아니라 직장인 전체를 대상으로 한 것이다. 회사와 자신을 분리해서 생각하는 것이 90년생만의 특성은 아님을 알 수 있다. 보통 아싸는 무리에 어울리지 못하고 겉도는 사람을 의미한다. 지금은 부정적인 의미가 거의 없어졌지만 원래 적응하지 못하는 사람을 가리켰다. '자발적 아싸'라는 말은 아싸라는 단어에 부정적인 뜻이 담겨 있을 때 나왔다. 함께 어울리지 못하는 것은 아닌데 그러고 싶지 않다는 의미다. 자발적 아싸가 많다는 것은 회사에서 보여지는 모습과 퇴근 후 모습이 다른 사람이 많다는 뜻이기도 하다.

사생활을 중요하게 생각하는 외국인들은 개인적인 질문을 하는 한국 문화를 불편하게 생각한다. 우리는 외국인이 질문에 노코멘트를 하거나 불쾌함을 표시하는 것을 자연스럽게 받아들인다. 한국도 개인주의 사회로 넘어가면서 같은 방식으로 대해야 한다. 사생활 침해와 개인정보 침해를 바라보는 사회의 시선이 바뀌었다. 개인의 연애사를 물어보고 계속 바뀌는 취미를 캐물으면 불편함을 느낀다. 가족관계와 거주지에 대한 질문으로 이어지는 식상한 패턴을 깨야 한다.

메신저를 분리하는 것이 중요하다. 90년생은 회사와 사생활을 구분하는 것을 중요하게 생각한다. 회사가 사생활의 영역에 들어오는 것을 꺼린다. 회사 사람의 전화번호를 저장하는 것은 큰 용기가 필요한 일이다. 카카오톡이나 페이스북 메신저는 지인들과 사용하는 것이다. 자신의 일상까지 회사가 들어오지 않았으면 한다. 회사는 일상에서 쓰지 않는 사내 메신저로 소통하면 된다. 한때 많이 쓰다가 지금은 아무도 쓰지 않는 네이트온은 좋은 대안이다. 평소에 사용하지 않기 때문에 일상과 연결될 일이 없다.

90년생은 계약관계인 회사 사람들과 일상을 공유하고 싶지 않다. 퇴근 후에 무엇을 하는지 궁금하더라도 참는 것이 좋다. 알려주기 싫은 것을 물어보면 대답하기 난감하다. 회사와 일상에서 사용하는 메신저를 구분하는 방식으로 선을 명확하게 지켜주는 것이 90년생을 배려하는 방법이다.

손편지 쓰는
90년생

진심이 드러나는 아날로그 갬성

90년생을 디지털 세대, 모바일에 익숙한 세대라고 규정하면서 모든 것을 디지털화한다고 생각한다. 실제로 90년생은 모바일 청첩장만 보낸다고 생각하는 사람들이 꽤 많다. 실상은 반대다. 인터넷으로 많은 사람이 연결되면서 사람을 추려야 한다. 온라인으로만 한 번씩 대화하는 사이가 많다. 연락은 하고 지내지만 청첩장을 보낼 사이는 아니다. 그래서 아날로그 방식의 종이 청첩장을 선호한다. 오히려 기존에 하는 것에 더해 손편지를 첨부하기도 한다.

"전 직장동료에게 청첩장을 받았습니다. 모바일 청첩장만 받았는데 당황스럽습니다. 밑에 계좌번호가 있는데 돈만 보내라는 건지, 요즘에는 다 이렇게 초대하나요?"

기성세대들은 수개월 전에 결혼한다고 귀띔을 해주고 가볍게 식사 대접을 하며 종이 청첩장을 나눠 줘야 한다고 생각한다. 그러지 않는 모습을 보며 시대가 달라졌음을 느낀다. 하지만 지금 90년생도 같은 방식으로 하고 있다. 기존에 하던 것에 모바일 청첩장이 추가되었다고 보면 된다. 모바일 청첩장만 받으면 기분 나쁘게 생각한다. 모바일 청첩장만 받았다면 그 사람과의 관계를 다시 생각해봐야 한다. 앞으로도 봐야 하는 사이니까 청첩장을 주기는 해야 하는데 안 왔으면 좋겠다, 또는 '축의금은 받아야지' 정도의 생각으로 보냈을 것이다. 2030 연애·결혼을 주제로 운영하는 썸랩 블로그에 관련 인터뷰가 나온다.

....

"서로 상황을 아는 사이가 아니라면 솔직히 기분 나쁘다. 그전에 어떤 커뮤니케이션이 있었는지가 중요할 것 같다. 연락도 없다가 모바일 청첩장만 받으면 솔직히 기분이 좋지 않다. 모바일로밖에 줄 수 없는 상황인 것을 아는 사이라면 모를까."

"안 간다. 내 결혼식에 안 와도 된다. 며칠 전에 당해봤는데 그냥 황당하다. 단체 카톡방에 불러놓고 모바일 청첩장을 뿌렸는데 '얘 누구였더라' 하는 생각이 먼저 들었다. 누구라도 걸리라는 심산 아닌가. 어부도 아니고. 이런 결혼식은 참석해도 신랑 신부가 날 못 알아볼 듯하다. 가까운 사람만 챙기기도 바쁘다. 진짜 오게 하고픈 마음이 있으면 최소한 페이스 투 페이스는 기본이라고 생각한다."

"그럴 만하니까(안 친하니까) 모바일 청첩장만 보내는 거 아닐까. 대개 같이 오는 멘트는 이런 것이다. '미안해. 만나서 줘야 하는데 정신없이 지나갔네. 그래도 알리는 게 나을 거 같아서 모바일이라도 보내. 부담 갖지 말고.' 그러면 '아, 당신에게 나는 이만큼의 사람이구나'라는 생각이 든다. 다행인 건 나름 가깝다고 생각한 사람들 중에선 모바일 청첩장만 보낸 사람은 없었다."

....

대부분 모바일 청첩장만 받는 것에 거부감을 가지고 있다. 종이가 없어지지 않을까 생각하는 사람도 있지만 나는 그러지 않을 생각이다. 종이 청첩장을 받고 사진을 보거나 SNS에 공유하기 위해 모바일 청첩장을 달라고 하는 것이 익숙하다. 모바일 청첩장은 주로 '개념 없는 안 친한 사람'에게 받는다. 90년생은 모바일 청첩장만 받았을 때 그 사람과의 관계를 다시 생각해본다. 친한 사이인데 어쩔 수 없는 상황이라는 것을 알면 이해한다.

종이 다이어리의 성장 이유

간혹 종이 청첩장과 함께 손편지를 써주는 사람도 있다. 정성이 담긴 청첩장을 받으면 대부분 참석한다. 종이 청첩장을 따로 보관하기도 한다. 웨딩헌터에서 조사한 '하객이 꼽은 베스트 청첩장'에는 '정성스러운 손편지를 함께 줄 때'가 압도적인 비율로 1위를 차지했다. 가장 먼저 연락해 결혼 소식을 알릴 때, 작은 선물을 함께 줄 때가 뒤를 이었다. 디지털이 아닌 아날로그에서만 느낄 수 있는 감성이 분명 있다. 모든 부분에서 디지털을 추구할 것이라는 생각은 편견이다.

모바일 청첩장이 처음 나왔을 때 아날로그가 점차 사라질 것이라는 말이 나오기는 했다. 간혹 인터넷에 모바일 청첩장만 받았는데 어떻게 해야 하냐는 글이 올라온다. 일부만 보고 '요즘 이렇구나' 하고 오해를 한 결과이다. 처음 모바일 청첩장이 나왔을 때부터 90년생은 모바일만 보내는 것에 거부감을 느꼈다. 성의를 보이는 것이 중요하다고 생각한다. 디지털보다는 아날로그 방식이 성의를 보이기 좋다.

우리나라만 모바일 청첩장을 부정적으로 생각하는 것은 아니다. 미국의 '페이퍼리스 포스트'는 모바일 청첩장을 만드는 회사다. 2009년 설립 당시 종이 청첩장의 시대가 끝날 것이라고 생각했다. 모바일 청첩장으로 더 편리하면서 종이에 담을 수 없는 많은 내용들을 알릴 수 있기 때문이다. 하지만 이 회사는 2012년에 종이 청첩장 서비스를 내놨다. 디지털에는 마음을 담을 수 없다는 고객들의 강한 요구 때문이었다. 지금도 매출의 절반가량이 종이 청첩장에서 나오며 아날로그를 중요시하는 모습을 보인다.

이탈리아의 노트 브랜드 몰스킨은 디지털 시대에 아날로그 감성으로 매년 두 자릿수 성장을 했다. 핸드폰의 기본 기능으로 메모장이 탑재된 디지털 시대에 종이 다이어리를 찾는 사람들이 많다. 신년만 되면 새로운 다짐을 하며 종이 다이어리를 찾는다. 몰스킨의 CEO 아리고 베르니는 "몰스킨이 1980년대에 이 사업을 시작했다면 성공하지 못했을 것"이라고 한다. 모든 것이 디지털화되면서 사람들이 오히려 감성적 가치를 찾기 시작했다는 뜻이다.

디지털의 발달과 대형 서점의 등장으로 자취를 감췄던 동네 서점이 다시 생기고 있다. 독립서점이라고 하면 독특한 인테리어로 시선을 끈다. 대형 서점과는 다른 느낌에 발길이 간다. 서점 주인은 좋은 책을 추천하는 북텐더(booktender)를 자청한다. 베스트셀러 위주로 진열된 대형 서점과 다르게 주인의 취향이 담겨 있다. 유명한 책들보다 찾기 힘든 독립 서적들을 볼 수 있다. 획일화된 것을 싫어하고 색다른 아날로그 감성을 찾는 90년생이 독립서점을 찾는 이유다.

안티 꼰대,
꼰대 감별사

젊은 꼰대는 답도 없다

'선생님', '늙은이'를 지칭하는 은어인 꼰대가 자신의 의견을 굽히지 않는 사람, 무엇인가를 강요하는 사람 등 부정적인 의미로 쓰이고 있다. 나이는 상관없다. 모든 세대에서 자기가 꼰대로 불리지 않기 위해 노력한다. 적어도 전형적인 중증 꼰대는 되지 않으려고 한다. 회사에서 꼰대라고 생각하는 사람 앞에서는 의견을 말하지 않는다. 팀원들이 의견을 말하지 않으니 자기 생각이 모두의 생각이라고 착각하게 된다. 다른 사람의 의견을 듣지 못해 잘못된 판단을 할 확률이 높고, 이는 회사의 손실로 이어진다.

기성세대가 가장 두려워하는 것이 꼰대로 불리는 것이 아닐까 싶다. 조선닷컴의 한 기사에서는 "꼰대 취급을 받을까 봐 걱정한 적 있느냐"는 질문에 34%가 "그렇다"고 답했다. "자신이 꼰대라고 생각하느냐"는 질문에는 91%가 "아니다"라고 답했다. 스스로는 꼰대가 아니라고 생각하지만 다른 사람들이 어떻게 볼지 확신하지 못한다. 90%가 사내에 꼰대가 있다고 답했으니 누군가는 나를 꼰대로 바라보고 있는 것이다.

같은 기사에서 "꼰대 취급을 받지 않으려고 어떤 노력을 기울였느냐"는 질문에 45%가 "되도록 말수를 줄이고, 상대방 이야기를 경청하려고 한다"고 답했다. "반말, 화내기 등 권위주의적인 언행을 삼간다"는 24%였다. "조언을 할 때 감정은 최소화하고, 실무 위주의 조언만 하려고 한다"(20%)가 뒤를 이었다. 사회적으로 문제가 되니 스스로 조심하는 모습을 보인다. 상대가 인식을 하든 못 하든 분명 노력하고 있다.

'꼰대'라는 말은 대부분 기성세대를 향하지만 같은 세대를 향하기도 한다. 겨우 세 살 차이 나는 대학교 선배가 군기를 잡으려 한다. "요즘 애들 완전 편해졌네"를 시전하며 깍듯하게 예의를 갖출 것을 요구한다. 90년생 사이에서 "젊은 꼰대는 답도 없다"고 말한다. 기성세대가 꼰대 짓을 하는 것은 어느 정도 이해는 간다. 지금까지 그런 것을 보며 자랐을 것이라고 받아들인다. 하지만 젊은 꼰대는 변명이 통하지 않는다. 같은 환경에서 자랐는데 어떻게 저런 사고방식을 가지는지 이해가 되지 않는다.

90년생의 라떼 소환

기성세대에게 대놓고 꼰대라고 말하기는 쉽지 않다. 90년생이 그런 말을 했다면 큰 용기를 발휘한 것이다. 하지만 같은 또래라면 편하게 말할 수 있다. 심각하다고 판단되면 직접적으로 "너 꼰대야?" 하고 말한다. 직접적으로 말하기 어려운 사이이거나 가끔 그럴 때 사용하는 신조어도 있다. '할많하않'과 '먹금'이다. '할 말은 많지만 하지 않는다', '먹이 금지'를 의미한다. 불필요한 싸움이 될 것 같으면 쿨하게 먹금해서 대화를 종결한다.

90년생이 꼰대를 싫어한다고 사회가 변하지 않는다. 특정 세대만을 위해 모두가 양보하는 것은 아니다. '안티 꼰대'가 화제가 되는 이유는 모든 국민의 공감대를 얻었기 때문이다. 꼰대 행위를 겪어봤더니 안 좋은 것 같다, 나는 안 그래야겠다고 인식을 바꾼다. '나도 당했으니 너도 당해보라'는 식으로는 사회가 발전할 수 없다. 하지 말아야 하는 꼰대 유형을 말해주고 지키려고 노력한다. 자신의 과거 이야기를 하는 것도 그중 하나다.

'나 때는 말이야'를 남발하던 사람들을 풍자하는 말로 '라떼는 말이야'라는 표현이 있다. '나 때'가 우유를 뜻하는 '라떼'와 발음이 비숫해서 나온 말이다. 삼성생명 등에서 광고로 사용하기도 했다. 자신의 과거를 인정받기 위해 경험을 말해주려 하지만 역효과가 난다. '그걸 지금 자랑이라고 하는 건가'라는 생각밖에 안 난다. 라떼를 말할 때 부러워할 만한 이야기는 하지 않는다. 주로 힘들었던 경험을 말한다.

"나 때는 말이야, 야근을 밥 먹듯이 했어. 바쁠 때는 만날 12시 넘어서 퇴근하고 다음 날 정시 출근했지. 7시 퇴근이면 칼퇴였지. 감사합니다, 하고 갔어. 그때 일 참 많이 했는데 요즘 애들은 일찍들 가더라고."

이런 말을 들어보지 않은 사람이 거의 없을 것이다. 밤늦은 시각까지 오래 일하는 사람이 뛰어나다는 생각을 가지고 있다. 지금 자리에 오르기까지 힘들었다는 것을 어필하려는 것이다. 한 발 나아가 그것을 강요하는 사람들도 있지만 대부분 저 정도로 끝난다. 우리나라가 OECD 국가 중 근무 시간 1위를 하던 때이니 일도 많이 했을 것이다. 한국은 2007년까지 1등을 유지하다가 2008년 멕시코에 1위를 넘겨주었다.

과거를 들먹이면 대화를 이어갈 수 없다. 그런 이야기를 들으면 맨 먼저 '뭐 어쩌라는 거지'라는 생각밖에 들지 않는다. 자신의 삶을 살지 못하고 일만 한 것을 안쓰럽게 생각한다. 자신의 삶을 1순위로 생각하는 90년생에게는 있을 수 없는 일이다. 나는 저런 삶을 살지 않겠다고 다짐한다. 공감해주기를 바란다면 비슷한 나이대 사람에게 해야 한다. 같은 세대끼리는 비교적 통하는 것이 많다. 자신의 노력을 알아주기를 바란다면 역효과이다. 어떤 목적으로 말했든 좋은 결과를 얻을 수 없다.

라떼를 왜 말하는지는 알고 있다. 90년생도 라떼를 소환하는 것을 좋아한다. 고등학교 동창과 지나가다가 모교를 보면 그 시절이 떠오른다. 빵을 사 먹으려고 학교 매점으로 뛰어가던 모습이 떠오른다. 학창 시절에 자주 가던 음식점이 없어진 것을 보면 아쉬움을 느낀다. 때로는 아주 어릴 적 만화영화를 보던 때까지 거슬러올라가기도 한다. 10년이 더 지난 라떼이지만 서로 공감하는 이야기에는 거부감을 느끼지 않는다.

PART
04

90년생이
사는(buy) 법

- 공짜 콘텐츠는 없다
- 순식간에 사라지는 유행
- 브랜드보다 인플루언서 마켓
- 편의점 도시락 아니면 호텔에서 한 끼
- 편리미엄, 비싸도 편리하면 산다
- 좋은 기업 밀어주기

공짜 콘텐츠는
없다

넷플릭스 구독은 필수

불법 프로그램을 쓰는 것을 자랑스럽게 여기던 시대는 지났다. 요즘은 크리에이터나 작곡가, 방송국에서 만든 프로그램을 구입하는 것이 당연하다. 유튜브 동영상에 길거리 매장에서 틀어주는 노래가 나오는 것도 저작권 침해로 볼 정도이다. 지금은 불법 서비스를 이용하는 사람들이 눈치를 본다. 정품을 사면 호구 취급을 받던 MS오피스나 윈도우 프로그램도 정품을 구입한다. 광고를 보기 싫다는 이유로 유튜브 프리미엄을 구입한다. 넷플릭스 같은 스트리밍 서비스도 하나쯤은 가입한다.

옥수수, 넷플릭스, 왓챠처럼 온라인으로 영상들을 볼 수 있는 서비스를 OTT(Over The Top)라고 한다. 주로 넷플릭스에서 TV 프로그램들을 다운로드하지 않고 본다. '넷플릭스 오리지널'이라고 자체 콘텐츠를 만들기도 한다. 한국의 좀비 드라마 〈킹덤〉이 큰 인기를 끌었다. 조폐국을 터는 스페인 드라마 〈종이의 집〉과 같이 특이하고 신선한 주제의 콘텐츠를 제작한다. '넷플릭스 오리지널'을 보기 위해 구독하는 사람도 많다. 두 번째로 많이 쓰는 스트리밍 사이트는 왓챠이다. 왓챠는 아직 자체 제작 영화나 드라마가 없다. 일부를 제외하고는 콘텐츠가 겹치기 때문에 하나만 구독한다.

"넷플릭스를 구독할 생각이 없었어요. 친구들이 다 〈킹덤2〉가 재미있다고 추천하더라고요. 〈킹덤〉만 보고 싶은데 넷플릭스에서만 볼 수 있어서 구독했죠. 재미있는 드라마가 많아서 그냥 계속 보고 있어요."

단톡방에서 하루 종일 〈킹덤〉 이야기를 하니 대화에 끼려면 봐야 한다. 넷플릭스 오리지널 시리즈라 다른 곳에서는 볼 수 없다. 어차피 첫 달은 무료이기도 하니 일단 본다. 하지만 〈킹덤〉을 다 보고 나서도 끊을 수가 없다. 다른 재미있는 드라마들이 연이어 있다. 계속 잘 보고 있다. 넷플릭스의 마케팅 전략에 걸려든 아주 모범적인 사례이다. 다른 스트리밍 사이트는 실제로 사용하는 사람들이 흔하지 않다.

무료로 이용하는 콘텐츠에서 돈을 지불하기도 한다. 아프리카TV

의 별풍선이다. 트위치TV, 유튜브, 스푼 등에도 이름만 다른 같은 기능이 있다. 별풍선은 1개에 110원에 구입할 수 있다. 내가 좋아하는 BJ에게 후원하는 개념이다. BJ는 어떤 콘텐츠에서 시청자들이 반응하는지 파악할 수 있다. 후원받은 별풍선은 다시 현금으로 바꿔서 콘텐츠 제작비로 쓴다. 일반 BJ는 40%를 수수료로 내야 한다. 베스트 BJ, 파트너 BJ로 등급이 올라가면서 수수료가 줄어든다.

아프리카TV를 보고 있으면 별풍선이 계속 터지는데 주변에서 후원하는 사람은 거의 없다. 그냥 보기만 한다. 5천 원을 충전해두고 팬클럽 가입 용도로 사용하는 정도이다. 별풍선 1개를 후원하면 팬클럽에 가입된다. 아프리카TV를 움직이는 큰손들이 누군지 찾아본 유튜브 콘텐츠가 있다. 180만 유튜버 진용진의 '그것을 알려드림'이다. 1년에 몇천만 원씩 후원하는 사람들 중에 직장인이나 사업가가 많았다. 후원하는 이유로는 그 BJ를 도와주고 싶어서가 다수였다.

유튜브를 보면 꼭 나오는 말이 있다. "좋아요와 구독, 알림 설정 부탁드립니다"이다. 구독자가 많으면 내 영상이 더 많은 사람에게 노출될 가능성이 높다. '좋아요'와 알림 설정도 비슷한 이유다. 시청자들도 내가 누르는 '좋아요'나 구독이 콘텐츠 제작자에게 돈이 된다는 것을 안다. 내가 시청해서 조회수를 올렸기 때문에 돈을 번다는 것을 알기에 부담 없이 피드백을 한다. 직접 돈을 투자하기 싫은 사람들은 '좋아요'와 구독을 누르는 방식으로 채널을 후원한다.

무료 콘텐츠가 사라진다

90년생이 가장 많이 보는 콘텐츠는 게임이다. 대학내일에 따르면 90년생의 72.2%가 주기적으로 게임 영상 콘텐츠를 시청한다고 한다. 5명 중 1명은 최근 1년 이내 게임 리그 직관을 경험한 적이 있다고 했다. 90년생들의 지지로 리그오브레전드의 페이커(이상혁) 선수는 〈포브스〉 선정 '2019년 아시아에서 영향력 있는 30세 이하 엔터테인먼트&스포츠 부문 리더 30인'에 뽑히기도 했다. 페이커의 연봉은 정확히 공개하지는 않았지만 국내 모든 스포츠 선수를 통틀어 1위라고 한다. 프로게이머 중에서가 아니라 전 종목의 프로 선수 중 1등이라는 이야기다.

게임 리그는 선수를 따라 팀의 팬이 되는 특성이 있다. 프로야구의 경우 지역별로 팀이 나누어져 있다. 어떤 선수가 다른 팀으로 가더라도 응원하는 팀이 바뀌지 않는다. 농구나 배구 등 대부분의 스포츠가 연고 위주의 팀이다. 게임은 그렇지 않다. 그 팀의 선수를 보고 응원한다. 팀 컬러와 플레이 스타일이 좋아서 응원한다는 사람도 있지만 결국 선수의 플레이를 좋아하는 것이지 팀을 좋아하는 것이 아니다. 지역 연고 위주의 스포츠 문화와 차이점이다.

친구인 주씨는 리그오브레전드 DRX 팬이다. 게임은 계속 좋아했지만 처음부터 DRX 팬은 아니었다. 2019년 말 DRX는 대형 FA를 연달아 영입하며 팬들이 상상만 하던 드림팀을 만들었다. 2020년 롤

챔피언십 서머에서는 첫 경기부터 페이커 소속팀이기도 한 'SKT T1'을 이겼다. 이 친구가 좋아하는 것은 팀의 화끈한 플레이다. 팀 자체가 아니다. 스타 선수들이 다 떠나고 성적이 안 좋아지면 응원할 다른 팀을 찾을 것이다.

대학내일에서 90년생으로 대표되는 MZ세대 500명을 대상으로 조사한 결과 88.8%가 최근 6개월 내 유료 콘텐츠를 이용한 경험이 있다고 했다. 가장 많이 사용하는 유료 콘텐츠로는 '음원'을 꼽았다. 무엇인가를 이용할 때 대가를 지불하는 것이 당연하다. 채팅을 하는 데 사용하는 이모티콘도 쉽게 구입한다. 구입한 이모티콘에 친구들이 좋은 반응을 보이면 뿌듯하다.

콘텐츠를 구입하는 문화가 자연스러워지면서 새로운 유형의 잡지가 나왔다. 잡지 〈인(iiin)〉은 광고를 하지 않는 것이 원칙이다. 광고가 주 수입인 다른 잡지들과 구분된다. 대신 콘텐츠의 질에 집중했다. 광고를 보지 않을 권리를 구입하는 유튜브 프리미엄과 비슷하다. 2018년에 〈인〉 구독자 연령대를 조사한 결과 2030세대가 74%였다. 유료 구독자만으로 안정적인 운영이 가능한 새로운 유형의 사업 모델이다.

2018년 무료로 웹툰을 볼 수 있는 사이트인 '밤토끼' 사이트가 폐쇄되었다. 지금 웹툰 구조는 유료와 무료가 혼용된다. 가장 유명한 네이버 웹툰은 무료로 볼 수 있다. 하지만 돈을 지불하면 2~5회 먼저 볼 수 있다. 대여 200원, 구입 300원이다. 어차피 한 달 뒤에 볼 수 있지만 빨리 보고 싶어서 결제한다. 레진코믹스 등 일부 사이트는 무료 없이 유료로만 운영한다. 이 콘텐츠들을 모두 무료로 제공하고 불법 광고물을 달아 수익을 낸 사이트가 '밤토끼'였는데, 저작권에 민감한 90년생의 반발을 불러일으켰다. 90년생에게 콘텐츠는 당연히 돈을 주고 사는 것이다.

순식간에
사라지는 유행

인싸겜의 유행 주기

원래 나이가 어릴수록 유행에 민감하고 대상도 자주 바뀐다. 유행이라고 하면 많은 사람들이 순간적으로 몰리고, 다수가 참여하기 때문에 파괴력도 여전히 크다. 하지만 유행을 따라가려고 노력하지 않아도 된다. 길게 가지도 않고 신경 쓰지 않는 90년생도 많다.

"틀리면 3일간 펭귄 프사(프로필 사진)로 살아야 합니다. 정답은 아무에게도 말하지 마세요. 문제 나갑니다. 부대찌개 3인분을 먹으면 1인분을 서비스로 제공하는 식당이 있다. 부대찌개 20인분을 시키면 몇 인분을 먹을 수 있을까요?"

한때 유행한 펭귄 문제다. 어느 날 친구들의 프로필 사진들이 하나둘 펭귄으로 바뀐다. 그리고 저 문제가 누군가에게서 날아온다. "어딘가에 함정이 있을 거야" 하면서 수학문제 풀듯이 계산하면 틀린다. 정답은 그 위에 있기 때문이다. 정답은 "아무에게도 말하지 마세요"이다. 이 문제를 틀리면 프로필 사진을 펭귄으로 바꿔야 한다. 이런 유형의 유행은 오래가지 않는다. 펭귄 문제 이전에도 비슷한 문제가 있었다.

"이 글을 본 당신은 두부 퀴즈를 풀어야 합니다. 만약 답을 틀리거나 도망친다면 3일 동안 햇두부 프사로 살게 됩니다. 트와이스 미나는 빠른 97이기 때문에 연도로 나이를 따지는 한국에서는 96인 모모에게 언니라고 하지만 일본에서는 동갑으로 지내며 반모를 한다. 미국에서는 그녀를 뭐라고 불러야 하는가?"

참고로 반모는 '반말 모드'를 뜻한다. 서로 반말을 한다는 뜻이다. 이 문제의 정답은 'She'다. 그녀를 영어로 번역하면 된다. 원래 두부 프사는 별명이 두부인 트와이스 다현을 의미했는데 변형되었다. 처음이 재미있지 반복되면 질린다. 펭귄 프사 문제는 약 이틀 정도 관심을 끌다가 없어졌다. 앞으로도 한두 번 더 나오겠지만 지난 유행이라고 볼 수 있다. 퀴즈를 틀려도 그때처럼 프사를 바꾸는 사람들이 줄어들고 있다.

게임도 폭발적인 반응을 보였다가도 금세 식어버리는 경향을 보인다. 새로 나온 말로 '인싸겜'이라는 단어가 있다. 대중적인 게임에 주어지는 영광의 칭호다. 캐치마인드 모바일이 나왔을 때 잠시 인싸겜이라고 불렸다. 캐치마인드는 그림을 그려서 단어를 맞히는 게임이다. 캐치마인드 다음으로는 카트라이더가 인싸겜이 되었다. 누구나 쉽게 할 수 있는 진입 장벽이 낮은 게임일 확률이 높다. 접근성이 쉬운 모바일 게임이 주로 인싸겜이 된다.

스마일게이트의 로스트아크는 출시 첫날 동시 접속자 25만 명을 기록하며 흥행에 성공했다. 로그인 대기자가 많아 2~3시간씩 기다려야 했다. 직장인을 위한 노하우가 돌아다니기도 했다. 퇴근 후 로그인을 눌러놓고 3시간 자고 일어나면 된다는 것이다. 게임을 새벽까지 하고 다시 자면 수면 시간을 충족할 수 있다. 하지만 많은 관심을 받으며 출시한 것에 비해 인기는 금방 식었다. 지금은 피시방 게임 점유율 10위 밖으로 밀려났다. 로스트아크는 '인싸겜'이라고 불리지는 못했지만 비슷한 모습을 보였다.

2020년 인싸겜으로 어몽어스가 있다. 마피아 게임과 비슷한 생존 게임이다. 출시 3년 만에 갑자기 붐을 일으키고 있다. 마피아는 임포스터, 시민은 크루원이라고 한다. 크루원은 임무를 수행해야 하고 임포스터는 임무 수행을 방해한다. 죽으면 다음 게임까지 기다려야 하는 마피아 게임과 달리 유령이라는 기능이 있다. 죽으면 유령이 되어 게임을 계속한다. 디스코드로 대화를 하기도 한다. 사람이 없으면 진행이 불가능한 게임으로 인싸겜에서 멀어지면 다른 게임과 같은 절차를 밟을 것이다.

유행 좇다 잘못하면 뒷북

짧은 유행 주기는 온라인에만 국한되지 않는다. 2019년 대만의 흑당 밀크티가 유행했다. 대만의 흑당 음료 브랜드 타이거슈가는 짧은 시간에 가맹점을 확장했다. GS25는 흑당라떼 샌드위치를 출시했고, 삼양식품은 '흑당 짱구'라는 이벤트성 과자를 선보였다. 가장 인기를 끈 것은 '흑당 버블티'였다. 어느 카페를 가도 흑당 버블티를 팔았다. 하지만 흑당 붐을 일으킨 것에 비해 너무 쉽게 사라졌다. 2020년 흑당 와플을 출시한 빽다방이 뒷북이라는 말도 나온다. 쉽게 바뀌기 힘든 오프라인 산업인데도 1년이 지나 뒷북이라는 평가를 받는다. 흑당 와플이 실패했다는 것은 아니다.

비슷한 사례는 셀 수 없이 많다. 한때 인형뽑기방이 유행하다 사라졌고 마라탕도 붐을 일으킨 것에 비해 초라해졌다. 닭껍질튀김과 같은 이색 상품도 잠시 주목을 받았을 뿐 지속하지 못했다. 흑당 버블티처럼 원래 카페를 하다가 유행에 편승해 신상품을 내는 것은 괜찮지만 새로 시작하는 것은 매우 위험하다. 다른 사람들이 이미 알고 있는 것을 시작하면 늦다. 흐름을 잘 타면 큰 수익을 낼 수 있지만 하이리스크 하이리턴(High Risk High Return, 고위험 고수익)

사업이다.

〈동아비즈니스리뷰〉는 나이가 적을수록 개인 취향이 '대세'의 영향을 받지 않는다고 보도했다. 90년생의 상당수가 유행하는 현상에 무관심하다. 맛없다거나 재미없다는 표현을 거침없이 한다. 빅히트엔터테인먼트의 '방탄소년단'은 누구나 알고 있을 것이다. 미국 빌보드 차트에서 11개월 연속으로 1등을 하고 영국 오피셜 앨범 차트에서도 1등을 차지했다. 유튜브 동영상 조회수는 기본 억 단위로 나온다. 앨범을 낼 때마다 세계적으로 화제가 되는 그룹이다.

기성세대는 자신들도 알고 있는 인기 그룹이기 때문에 젊은 세대들이 모두 방탄소년단을 좋아할 것이라고 생각한다. HOT가 대세이던 시절 모두가 좋아했던 것처럼 말이다. 주위의 90년생에게 방탄소년단에 대해 물어보면 "왜 그렇게 인기가 많은지 모르겠다"는 응답이 많은 것과 대조된다. 실제 통계도 비슷하다. 온라인 리서치 기업 마크로밀엠브레인(embrain.com)의 조사 결과에 따르면 90년대 초반의 38%, 후반의 41.5%가 "나는 BTS가 외국에서 인기를 얻고 있다는 사실에 별로 관심이 없다"고 답했다.

튀지 않고 중간만 가는 것이 오랜 기간 이어온 우리나라의 문화다. 이런 문화에 의문점을 드러내기 시작한 것은 2000년대 초반부터다. "남들이 모두 예스(Yes)라고 할 때 노(No)라고 할 수 있는 친구, 모두가 노(No)라고 할 때 예스(Yes)라고 할 수 있는 친구"라는

2001년 동원증권의 광고 카피는 지금까지 회자되고 있다. 당시 사고가 형성되는 시기였던 90년생은 튀는 것을 두려워하지 않아야 한다는 말을 듣고 자란 최초의 세대다. 군중심리에 흔들리는 정도가 줄어드니 유행에 휩쓸리는 비율도 줄어든다.

BTS 정도의 파괴력 있는 그룹이라면 젊은 세대의 절반 정도 관심을 보인다. 90년생 사이에서 인기를 끌었다는 것은 절반이 안 되는 사람들이 관심을 보인다는 것이다. 내가 싫으면 아무리 대중적이어도 따라 하지 않는다. 세계적으로 유명한 방탄소년단보다 내가 응원하는 가수의 다음 앨범에 더 관심이 많다. 특히 90년생 이하 세대에게 말할 때는 더 주의하자. "또 방탄소년단 얘기야?" 하는 반응을 보일 수 있다. 보통 어른들이 아는 연예인은 뻔하고 아래 세대의 인식과 거리감이 있다.

나이가 들면서 유행에 무뎌지는 것이 자연스러운 현상이다. 그때그때 유행하는 옷과 머리 스타일을 찾던 90년생도 변하고 있다. 세월이 흘러도 무난하게 입을 수 있는 깔끔한 옷을 선호한다. 독특하고 특징이 있는 옷을 선뜻 고르기 힘들다. 해보고 싶은 머리 스타일은 한 번씩 해봤다. 오래 유지할 머리를 찾고 무난한 메이크업을 한다. 기분 전환으로 한 번씩 바꾸지만 예전 같은 기분은 들지 않는다. 유행에 뒤처지지는 않지만 그렇다고 계속 예의주시하고 있지는 않는다.

90년생의 유행 주기는 굉장히 짧다. 유행의 힘은 아직 강하지만 위력이 줄어들고 있다. 아무리 인기가 많아도 절반 정도의 관심일 뿐이고, 얼마 지나지 않아 쉽게 흥미를 잃는다. 유행을 좇기보다 개인의 취향을 따르는 사람들이 많아지고 있다.

브랜드보다
인플루언서 마켓

인플루언서의 연예인급 영향력

90년생에게 누구 팬이냐고 물어보면 연예인의 이름이 나오지 않는다. 쉬는 시간에는 인플루언서들의 영상을 보고, 물건을 살 때도 인플루언서 마켓에서 산다. 인플루언서들은 내 반응을 살피며 재미있는 콘텐츠를 만들어준다. 친구들과 얘기할 때는 TV 프로그램보다 유튜브 채널을 더 많이 언급한다. 유튜버들은 소통을 위해 팬들의 애칭을 만든다. 이미 만든 콘텐츠를 과감하게 삭제하기도 한다. 소통의 중요성을 깨달은 기업들은 소비자의 참여를 이끌기 위해 다양한 마케팅을 펼친다.

대학내일의 조사에서 90년생의 72%가 유튜브에서 인플루언서를 구독하고 있다고 했다. 49.7%는 인스타그램에서 팔로우한다고 답했다. 연예인의 사생활을 궁금해하고 따라다니던 모습이 인플루언서를 대상으로 나타나고 있다. '덕질'이라고도 한다. 친구들과 유튜버 얘기도 자주 한다. 대형 유튜버는 자신을 상징하는 마크나 캐릭터를 가지고 있기도 한다. 연예인처럼 굿즈를 만들어 팬들에게 판다.

구독자 250만을 보유한 유튜버 '양팡'은 자체적으로 굿즈를 만들었다. 양팡은 가족 시트콤 형식의 콘텐츠를 올리는 유튜버이다. 본명인 양은지도 대놓고 밝혀 친근감이 느껴진다. 구독자들은 가족의 근황을 묻고 가족에게 미션을 주기도 한다. 양팡수건, 양팡티셔츠, 양팡후드티를 굿즈로 만들어 좋은 반응을 얻었다. '양팡샵'이라는 쇼핑몰을 운영하기도 한다. 연예인들과 가장 다른 점은 수익이 목표가 아닐 때가 많다는 것이다. 이벤트성으로 팬들을 위해 굿즈를 만든다.

90년생은 알려진 브랜드의 옷만 사지 않는다. 평소 옷을 잘 입는다고 생각했던 인스타그램의 준셀럽(준연예인)이 추천하는 옷을 산다. 김소희 대표의 '스타일난다'는 준셀럽 마켓의 성공 신화다. 프랑스 화장품 브랜드 '로레알'에 4천억 원에 인수되었다. 스타일난다는 제품이 아니라 감성을 만들며 문화를 판매한다고 한다. CNN이 선정한 한국 10대 브랜드에 선정되기도 했다. 1세대 인스타그램 패션 기업 스타일난다의 성공을 보고 많은 사람들이 시도하고 있다.

대학내일 조사에서는 90년생의 48.8%가 인플루언서가 알려준 제품과 서비스를 구매하거나 활용할 의향이 있다고 응답했다. 90년생 절반 이상(53.3%)이 최근 6개월 이내에 인플루언서나 개인이 운영하는 1인 마켓에서 물건을 구입한 경험이 있다고 응답했으며, 1인 마켓 이용자 중 61.7%가 앞으로도 1인 마켓을 이용할 의향이 있다고 밝혔다. 그 분야의 전문가로 인정하기 때문에 나오는 결과이다. 뷰티 유튜버가 추천한 화장품이나 헬스 유튜버가 추천한 보충제는 어느 정도 검증되었다고 생각한다.

인플루언서들에게 사람들의 관심이 집중되자 TV 프로그램도 이들을 적극 출연시키고 있다. FIFA 온라인 게임 유튜버이자 축구 전문 채널을 운영하던 감스트는 2018년 MBC와 콜라보로 월드컵 해설을 하며 동시 접속자 35만 명을 기록했다. 런닝맨 프로그램에 헬스 유튜버 김계란(피지컬갤러리)이 나오기도 했다. 〈놀면 뭐하니?〉에 먹방 유튜버 쯔양이 나오고 아침마당에는 경제 유튜버 신사임당이 나온다. 대형 기획사를 통해서만 방송에 출연하던 모습과 다른 점이다.

요즘은 유튜브 콘텐츠도 TV 프로그램 못지않게 스케일이 크다. 피지컬갤러리의 〈가짜사나이〉는 제작비만 4천만 원가량 들었다. 연예인이 군대 체험을 한 〈진짜사나이〉의 현실판 콘텐츠다. 진짜가 되고 싶은 가짜 사나이라는 뜻이다. 〈진짜사나이〉 출연도 거절했던 무사트(MUSAT) 훈련을 유튜버들이 받는다. 무사트는 UDT 출신이 모여 만든 민간 군사기업이다. 민간인 교육과정과 전문부대 교육과정이 나누어져 있다. 〈가짜사나이〉 에피소드는 7개로 나눠져 있는데 총조회수가 5천만이 넘을 정도로 히트를 쳤다.

90년생이 원하는 걸 팔아라

90년생은 시간 날 때마다 유튜브를 본다. 〈매경이코노미〉가 Z세대를 대상으로 조사한 결과에 따르면 "여가에 무엇을 하느냐"는 질문에 82.2%가 '유튜브 감상'이라고 대답했다. 절반 이상(59.6%)이 유튜브, 인스타그램, 아프리카TV 등에서 구독하고 닉네임을 기억하며 즐겨 찾는 크리에이터가 5명 이상이라고 응답했다. 크리에이터 10명 이상을 기억하고 즐겨 찾는다고 응답한 Z세대도 27.3%나 되었다. 쉬는 시간을 함께하니 크리에이터가 친숙하게 느껴진다.

1인 방송의 핵심은 소통이다. '나도 유튜브나 해볼까' 하는 사람들 대부분이 여기에서 막힌다. 일방적으로 자기가 잘하는 것을 보여주려다 보니 시청자들이 볼 때 꼰대처럼 느껴진다. 인터넷 강의를 하듯 틀어놓은 영상에 시청자들이 재미를 느낄 리 없다. 클릭하더라도 곧바로 이탈한다. 빠른 시간에 이탈하면 유튜브 알고리즘은 다른 사람에게 해당 영상을 추천하지 않는다. 유튜브는 어떤 콘텐츠에 구독자들이 얼마나 반응했는지 보여준다. 잘나가는 유튜버일수록 댓글 하나에 반응하고 재미있어한 코드를 분석하기 위해 노력한다.

유튜브 크리에이터들도 팬클럽이 있다. 바로 구독자들이다. 소통이 일상화되면서 팬을 부르는 용어가 필요하다. 인기 유튜버들은 팬들을 애칭으로 부른다. '소련여자'가 팬들을 부르는 애칭은 '니들'이다. 명대사 "그럼 헬조선, 헬조선 하는 니들은 조선 사람이냐?"에 나오는 니들이 팬들을 지칭한다. 여러 아르바이트를 체험하는 채널 '워크맨'은 팬들을 '잡것들'이라고 부른다. 400만 구독자를 가진 'BJ보겸'은 '가조쿠'라고 한다. 아이돌 그룹이나 가지던 팬클럽을 인플루언서도 가지고 있다.

기업도 소통을 중시하는 트렌드에 합류하고 있다. 갑자기 파맛 첵스 사건이 90년생 사이에서 밈이 되었다. 2004년 첵스초코는 '대통령 선거' 이벤트를 진행했다. 밀크초코당 대표 체키와 파맛당 차카의 대결이었다. 한 온라인 커뮤니티에서 재미로 차카에 몰표를 던지자 농심켈로그는 중복 투표를 삭제하여 체키가 이기게 만들었다. 출시할 제품이 이미 정해져 있었던 것이다. 소비자들은 계속 파맛 첵스를 요구했고, 결국 2020년 파맛 첵스가 출시되었다.

경제 전문 유튜버 '신사임당'은 이런 원리를 일찍이 깨달았다. 신사임당의 유튜브에서는 무엇을 팔지 먼저 정하지 말라고 한다. 내가 팔고 싶은 것을 파는 것이 아니라 소비자들이 원하는 것을 팔아야 한다고 한다.

편의점 도시락 아니면
호텔에서 한 끼

명품을 좋아하는 가장 인색한 세대

90년생은 욜로족이다. 미래를 위해 현재를 희생하기보다 현재를 즐긴다고 규정한다. 비싼 음식을 먹고 명품을 구입하는 모습을 보고 하는 말이다. 하지만 실상은 반대다. 모든 면에서 극단적으로 아끼는 경우가 더 많다. 아끼고 아껴서 나를 만족시키는 값비싼 무언가에 투자한다. 여행일 때가 많고 명품을 사기도 한다. 비싼 음식을 먹을 때도 있다. 하고 싶은 것을 위해 많은 부분을 감내한다. 단순히 버는 족족 다 쓴다고 생각하면 90년생을 이해할 수 없다.

부의 양극화가 문제된 지는 오래다. 국제노동기구의 '글로벌 노동 소득 분배 보고서'에 따르면 2017년 전체 노동 소득의 48.8%를 상위

10%가 차지했다. 하위 50%는 전체 소득의 6.4%에 불과했다. 90년생은 전 세계적인 문제를 개인이 해결할 수 있다고 생각하지 않는다. 부자가 될 수 있을 것 같지는 않지만 부자 체험은 해보고 싶다. 돈이 없는데도 명품을 구매하고 사치를 부린다. 매번 큰돈을 사용할 수는 없다. 해보고 싶은 것을 제외한 나머지 부분에서 아낀다.

컨설팅 기업 베인앤드컴퍼니(Bain & Company)의 '2018년 세계 명품시장 연구 보고서'에 따르면 2018년 전 세계 명품시장 매출의 33%가 2030세대가 구입한 것이라고 한다. 2030세대에게 가장 사랑받는 브랜드 중 하나인 구찌는 매출의 65%를 2030세대가 올렸다. 이제 사회생활을 시작하는 90년생이 부자일 리는 없다. 그런데 가방이나 시계, 지갑 등 명품 하나쯤은 가지고 있다. 욜로족도 아니라고 하고 가성비를 따진다고 하면서 명품을 사는 이유는 단순히 자기만족에 있다.

'가심비'라고도 한다. 가격 대비 마음의 만족도를 뜻한다. 비싼 가격을 주더라도 내가 만족하기만 하면 된다. 조금이라도 잘못 사면 '틀린 것'이라고 하는 분위기에 반기를 든다. 비효율적이라고 지적한 사람이 잘못한 것이다. 어차피 내 돈 쓰는데 간섭받을 일이 없다. 물건을 사는 이유를 논리적으로 설명할 수도 없다. 그저 감성이 이끄는 대로 행동한다. 사람마다 감동하는 포인트가 다르기 때문에 알려준다고 따라 할 수도 없다.

90년생의 소비 트렌드는 '선택과 집중'이다. 비싼 것 하나를 사는 대신 나머지는 싼 물건을 산다. 수백만 원 하는 구찌 지갑을 사고 옷은 가성비 좋은 스파오를 산다. 더 싼 보세 옷을 입기도 한다. 4500원짜리 편의점 도시락을 비싸다고 3800원짜리 도시락을 집어든다. 그리고 다음 날 호텔에 가서 한 끼에 10만 원짜리 밥을 먹는다. 90년생의 소비는 일괄적이지 않다. 양보할 수 없는 무언가에 큰돈을 쓰는 대신 다른 부분에서 아끼는 방식이다.

이해하기 쉽게 극단적으로 표현했지만 실제로 그 정도는 아니다. 애초에 몇백만 원짜리 명품을 살 돈도 없는 것이 현실이다. 바지 핏을 중요하게 생각하는 친구는 25만 원짜리 켈빈클라인 바지를 사고 1만 원짜리 티셔츠를 입는다. 쇼핑할 때 대부분의 시간을 바지 고르는 데 쓴다.

미국의 시사주간지 《디 애틀랜틱(The Atlantic)》의 기사에서는 90년생을 '가장 인색한 세대'라고 표현했다. 필요한 물건이 아니면 구입하지 않는다. 필요한 물건도 최저가 검색을 하고 할인을 받아서 구입한다. 시장조사업체 심포니IRI의 '소비자 네트워크 보고서'에 의하면 90년생이 다른 세대보다 할인이나 쿠폰의 영향을 더 많이 받는다고 한다. 귀찮아도 더 싸게 살 방법을 찾고, 절약한 돈을 모아서 내가 원하는 물건을 산다.

PB 상품은 가성비를 따지는 90년생의 성향을 겨냥해서 성공했다. PB 상품은 편의점 등의 유통시설에서 자체 개발한 상품을 말한다. 노브랜드 편의점은 가성비 좋은 PB 상품으로 기존 편의점과의 차별화에 성공했다. 사람들은 어릴 때부터 써오던 익숙한 브랜드를 찾는다. 같은 돈이면 익숙한 상품을 고르는 것이 당연하다. 일부 제품이 수십 년 동안 스테디셀러가 되는 이유는 좋은 물건이기도 하지만 익숙한 물건을 찾기 때문이다. 하지만 아껴야 하는 90년생에게 몇백 원 차이는 브랜드를 옮겨야 하는 충분한 사유가 된다.

이런 현상을 대표적으로 보여주는 것이 패밀리 레스토랑의 몰락이다. 가족, 연인과 근사한 한 끼를 먹기 위해 가던 패밀리 레스토랑은 90년생에게 매력이 없다. '근사함'의 기준이 높아졌고 간단하게 먹기에는 부담된다. 돈을 조금 더 써서 비싼 레스토랑에 가는 것이 낫다. 대표적인 패밀리 레스토랑 중 하나였던 빕스는 배달을 시작하고 가정간편식 시장에 진출하기 시작했다. 중간 포지션은 시장에서 살아남기 힘들다.

딱 하루만 플렉스

90년생은 누구나 하나쯤 하는 사치를 '플렉스한다'고 표현한다. 미국에서 먼저 유행한 말이다. 기리보이 등 한국 래퍼들이 사용하면서 우리나라에도 유행했다. 명품이나 고가의 물건을 구입하고 '#플렉스해버렸지뭐야' 해시태그를 달아 인스타그램에 올린다. 인스타그램의 '#플렉스'에는 22만 개의 게시글이, '#플렉스해버렸지뭐야'에는 3만 개의 게시글이 있다. 쇼핑 직후나 비싼 음식을 먹을 때 올린다. 꼭 욜로족만 플렉스를 하는 것은 아니다. 자기 기준으로 큰돈을 즐기는 데 사용하면 플렉스라고 한다.

소비 습관의 변화는 경제 발전과도 관련이 있다. 최악의 경우 아르바이트를 전전하며 살아도 굶어 죽지는 않는다. 노력하지 않아도 정말 죽을 정도로 가난하게 되지는 않는다. 싼 음식을 먹고 싼 옷을 입으며 생활은 가능하다. 먹고살기 힘들던 시절에 비하면 풍요롭다. 90년생은 기본적으로 개인주의이므로 다른 사람의 경제력에 관심이 없다. 궁금하지 않다는 것이 아니라 서로 존중한다. 부모님 직업과 집 평수로 상대를 평가하는 것이 더 힘들다고 생각한다.

어차피 돈은 벌고자 하면 끝이 없다. 끝없는 만족을 좇는 것보다 내가 원하는 부분에 소비하면서 나머지는 미니멀리즘을 추구한다. 세상이 먹고살 만해지면서 자신을 돌아보고 일상에 집중하게 되었다. 꼭 필요한 물건만 구입하고 조금 불편한 것은 그냥 참는다. 90년생의 미니멀리즘은 사치를 부리기 위한 과정이다. 극단적으로 나타나니 미니멀리즘처럼 보인다. 아끼고 아껴서 플렉스해버린다.

90년생은 고가품과 저가품을 동시에 소비한다. 어떤 부분에서 큰돈을 쓸 것인지는 사람마다 다르다. 남자는 시계, 여자는 가방을 많이 산다. 여행을 자주 가는 사람도 많다. 아르바이트를 해서 모은 돈으로 비싼 콘서트를 보러 간다. 콘서트에 큰돈을 쓰기 전까지는 극도로 아낀다. 일상생활에서는 미니멀리즘을 추구하다 한 번씩 플렉스하는 삶을 산다.

편리미엄,
비싸도 편리하면 산다

간편식과 배달 시장의 성장

90년생이 대학을 가고 취업을 하면서 혼자 사는 사람들이 늘어나고 있다. 2018년 기준 우리나라 1인 가구의 비율은 29.3%로 가장 많은 가구 유형이다. 지금 독립하지 않은 친구들도 혼자 살고 싶은 욕구가 강하다. 4인 가구 기준으로 맞춰진 소비 규모는 1인 가구에 맞지 않다. 소량으로 필요한 만큼 사는 것이 더 경제적이다. 간단히 끼니를 때우기에 편의점 도시락도 좋다. 더불어 가정간편식이나 배달과 같은 편리미엄 시장도 커지고 있다.

혼자 자취를 하면 가장 걱정되는 것이 식습관이다. 직접 해 먹다 보면 요리 실력이 좋아질 것 같지만 헛된 착각이다. 매일 김치찌개만 해 먹고 밥이 떨어지면 사 먹는다. 인스턴트 음식을 자주 먹는다. 1인분씩 음식을 만들기도 어렵다. 4인 기준에 비해 소량 판매는 너무 비싸다. 한번 음식을 만들면 2~3일 동안 그것만 먹어야 한다. 처음에는 맛있지만 계속 먹으면 질린다. 그러다 보니 한두 번 요리를 하다가 사 먹는 길을 택한다.

친구 이씨는 자취를 하고 있다. 요리에 취미도 있어서 초기에는 자주 해 먹었다. 대형 마트 앱으로 한 번에 5만 원 이상 식료품을 구입한다. 한 달 이상 먹을 수 있는 양이다. 그런데 한 달이 지나면 버리는 음식물이 더 많다. 유통기한이 짧은 음식을 먼저 먹기 급급하다. 채소는 낱개로 사면 너무 비싸고 며칠 먹으려면 묶음으로 사는 것이 낫다. 그래도 항상 남아서 버린다. 요리를 좋아하지만 재료 분배가 어려워 자주 사 먹는다.

1인 가구가 많아지면서 마트나 편의점은 소량 포장으로 판매한다. 깐 양파는 2개씩 묶어서 판다. 더 작은 단위로 소분하면서 가격이 올라간다. 소분한 가격으로 모든 재료를 만들다 보면 사서 먹는 것이 더 싸다. 판매자 입장에서도 4인 가구 기준으로 팔아도 가격이 높지 않은 채소를 1인분으로 나눌 수가 없다. 1인 가구는 소비량이 많지도 않아 타깃 대상으로 하기도 애매하다. 얼마나 해 먹을지 알 수 없어 조미료를 사기도 힘들다. 물엿이나 생크림처럼 가끔한 번씩 쓰는 것까지 구비해두기 어렵다.

그래서 쉽게 대체할 수 있는 것이 편의점 도시락이다. 여러 편의점의 다양한 도시락을 공략하면 꽤 오랫동안 맛있게 먹을 수 있다. 〈파이낸셜뉴스〉의 한 기사에서는 CU의 도시락 매출 증가율이 2012년 32.6%, 2013년 51.8%, 2014년 10.2%, 2015년 65.8%로 해마다 두 자릿수 성장을 하다가 2016년 약 3배로 폭발적인 성장을 했다고 한다. 위생에 대한 인식도 좋아져 한 끼 식사로 편의점을 선택하는 데 거부감이 없다.

편의점 다음으로 가정간편식이나 밀키트를 선택한다. 한국농수산식품유통공사(aT)에 따르면 국내 가정간편식 시장은 2019년 4조 원 규모였으며, 2022년에는 5조 원을 웃돌 것으로 예상된다. 간편식이라고 하면 3분카레 정도밖에 없던 시절과 많이 달라졌다. 한번 만들기도 어려운 우거지 갈비탕이나 설렁탕도 간단하게 데워 먹을 수 있다. 웬만한 요리는 다 간편식 형태로 나온다. 항상 먹을 정도는 아니지만 만들어 먹는 것과 사 먹는 것의 중간으로 선택한다.

밀키트를 활용하면 직접 해 먹는 즐거움도 누릴 수 있다. 전자레인지에 돌리거나 바로 섭취하는 식품과는 다르다. 어쨌든 가스레인지를 이용해야 한다. 하지만 귀찮은 과정이 많이 줄어든다. 양념장도 있고 채소도 손질되어 있다. 손질 과정에서 나오는 음식물 쓰레기가 없어서 좋다. 설거짓거리도 적게 나온다. 원하는 식재료를 조금 추가하면 퀄리티가 더 높아진다. 자기가 만들었다는 생각이

드니 먹을 때도 더 맛있다.

90년생이 픽하면 기성세대가 산다

지금은 없어졌지만 '타다'라는 운송 서비스가 있었다. 택시에 대한 반감에 큰 영향을 미친 승차 거부가 없다. 라디오 대신 클래식이 나오고 기사가 말을 걸지 않아 편안하게 타고 갈 수 있다. 90년생이 택시를 탈 때 불편해하던 점을 개선하여 나온 서비스였다. 조금 더 편하기 위해 기꺼이 더 비싼 돈을 지불한다. 2020년 3월 6일 타다금지법(여객자동차운수사업법 개정안)이 의결되었을 때 많은 사람들이 아쉬움을 표현했다. 택시 업계를 위해 자신들이 희생되었다고 느꼈다.

90년생은 가난하다. 가끔 플렉스하기 위해 사치를 부리기도 하지만 그 대상이 택시는 아니다. 가난한데도 대중교통이 아닌 택시를 선택하는 데는 '편하게 가고 싶다'는 욕망 때문이다. 주소를 말했으면 그냥 내비게이션 안내대로 가면 될 것을 자꾸 어느 쪽으로 가냐고 물어보면서 힘들게 한다. 정치 얘기를 시작하면 끝이 없다. 기사님의 마음도 이해하지만 내 돈을 내고 잠깐이라도 편하게 가고 싶어서 '타다'를 선택한다.

돈을 주고 편리함을 사는 것을 '편리미엄'이라고도 한다. 90년생

사이에서 사용하던 단어가 아니라 트렌드를 분석할 때 사용된 용어이다. 편리함과 프리미엄을 합친 말로 소비의 기준을 '편리함'에 둔다는 것이다. 무더운 여름날 또는 비가 오는 날 가까운 거리의 분식집에서 떡볶이를 배달시켜 먹는 식이다. 횡단보도만 건너면 카페가 있는데 직접 가지 않고 배달시킨다. 혼자 먹을 양만 시켜도 배달비 3천 원을 기꺼이 낸다.

식기세척기나 전자레인지도 '편리미엄' 제품이다. 직접 설거지를 해도 되고 프라이팬에 음식을 데워도 되지만 더 편리하다. 최근에는 1인 가구를 위한 편리미엄 제품으로 미니 식기세척기나 의류건조기가 출시되었다. 볶음밥용 채소라고 해서 종류별로 썰어서 적정량을 포장한 제품도 있다. 세탁기나 건조기 같은 고가의 제품부터 음식을 소분한 저가 제품까지 다양하다. 커지는 1인 가구 시장을 선점하기 위한 제품들이 연이어 나오고 있다.

마켓컬리는 신선식품 전문 쇼핑몰이다. 서울, 경기, 인천 지역은 주문하면 다음 날 새벽에 배달된다. 유통 전 과정에서 일정한 온도를 유지하여 상품이 상하는 일을 방지한다. 빅데이터를 통해 주문량을 예측해서 폐기되는 양을 최소화한다. 품질관리가 엄격하고 빠른 배송이 가능하니 소비자 만족도가 높다. 〈동아비즈니스리뷰〉에 따르면 2019년 마켓컬리의 신규 고객 기준 재구매율은 61.2%에 달한다고 한다. 배달이 되지 않던 품목을 배달해주는 일종의 편리미엄 서비스이다.

편리함을 추구하는 것은 90년생만의 특성이 아니다. 사람이라면 누구나 더 편하기를 원한다. 조금이라도 더 편한 것을 찾는 것은 젊은 세대이지만 돈을 가진 것은 기성세대이다. 가격이 올라가면 기성세대보다 금전적인 부담을 더 많이 느낀다. 마켓컬리의 가정간편식 새벽 배송 이용률은 40~50대가 60% 이상을 차지한다. 20대(15.8%), 30대(14.2%)의 2배가 넘는다. 젊은 세대가 검증한 편한 서비스를 기성세대가 적극적으로 이용하면서 산업이 촉진된다.

좋은 기업 밀어주기

선한 영향력에 기꺼이 동참

개인이 사회적 신념을 표현하는 것을 '미닝 아웃(Meaning Out)'이라고 한다. '신념'을 뜻하는 '미닝(meaning)'과 '벽장 속에서 나온다'는 뜻의 '커밍아웃(coming out)'의 합성어이다. 시간이 지나면 캠페인의 효과가 무색해지게 마련이다. 사회 전체가 여기에 주기적인 관심을 가질 수는 없지만 나는 잊지 않겠다는 의미를 부여한다. 아직도 세월호 사건을 잊지 않고 노란 리본을 단다. 누군가는 동물 보호 단체를 지지하고 누군가는 환경 문제에 관심이 많다. 90년생은 직접 움직이는 봉사활동보다 소비에서 가치관을 드러내는 성향이 강하다. 컨설팅 기업 맥킨지의 조사에 의하면 한국의 90년생이 아시아 6개국 중에서 가치 소비에 가장 적극적인 집단이라고 한다.

홍대의 식당 '진짜파스타'는 결식아동에게 음식을 무료로 제공했다. 여기에 감동한 90년생들은 소비를 통해 지지를 표했다. '꿈나무 카드'는 결식 우려가 있는 18세 미만의 아동에게 정부에서 제공하는 카드이다. 꿈나무 가맹점에서 5천 원 이내로 한 끼 식사를 할 수 있다. 진짜파스타의 오인태 대표는 '꿈나무 카드'를 알고 신청하려다가 5천 원 한도가 있는 것에 화가 났다고 한다. 5천 원으로 무엇을 먹으라는 것인지 이해가 되지 않았다. 실제로 돈이 부족해 편의점에서 때우는 아이들이 많았다. 반발 심리로 진짜파스타는 꿈나무 카드를 가진 아동에게는 돈을 받지 않겠다고 선언했다.

정부가 했어야 하는 일을 개인이 했다. 90년생은 인스타그램에 진짜파스타를 방문한 사진을 올리고 대신 홍보해주었다. 전국적으로 화제가 되자 여기에 동참하는 음식점들이 늘어났다. 카페나 미용실 등에서도 결식아동을 지원했다. 홍보를 통해 매출을 올리려는 시도이기는 하지만 많은 사람들이 긍정적으로 평가했다. 90년생은 선한 영향력을 중요하게 생각한다. 이런 파급 효과를 경험하며 가치관과 소비를 연결하는 성향이 강하다.

아지오는 청각장애인을 고용하여 구두를 만드는 사회적 기업이다. 이효리는 SNS에 아지오 구두를 신은 사진을 올리며 "청각장애인분들이 한땀 한땀 손으로 만드는 아지오 구두, 이렇게 예쁘기까지"라는 글을 썼다. 소비를 통한 가치 표현에 익숙한 90년생들은 잠시 아지오 홈페이지가 마비될 정도의 반응을 보였다. 인기 연예인을 쓴다고 해당 제품이 항상 잘 팔리는 것은 아니다. 이효리 때문에 사람들이 아지오 브랜드를 인지한 것은 맞지만 '연예인이 광고해서'가 아닌 '사회적 기업이라서' 구입하는 것이다.

오뚜기도 선행으로 인기를 몰았다. 당연히 내야 하는 상속세를 정직하게 내는 모습에 칭찬이 이어졌다. 어떻게든 세금을 내지 않으려는 다른 재벌 기업들과 비교되었다. 판매원을 전원 정직원으로 고용하는 등 운영에도 꼼수를 부리지 않았다. 하청업체에 갑질하고 상속세를 조금이라도 덜 내기 위해 편법을 일삼는 다른 기업들과 달랐다. 그 결과 영원할 것만 같던 농심의 신라면은 오뚜기 진라면에 쫓기고 있다. '갓뚜기'라고도 부르며 소비를 통해 정직한 행위를 밀어줬다.

불매운동은 의견 표출

소비 외에도 가치관이 작용한다. 과거의 불매운동이 순식간에 타오르다가 잠잠해지는 형태였다면 지금은 길고 꾸준하다. 2019년 8월부터 시작된 일본 불매운동은 1년 넘게 이어지고 있다. 일본이 화이트리스트에서 한국을 제외한 주말에 서울 광화문 광장에서 시위가 이어졌다. 1만 5천여 명이 모였지만 90년생은 많지 않았다. 90년생의 불매운동은 "이거 사면 절대 안 돼"가 아니다. "지금 이런 상황이니까 너도 다른 물건을 사면 좋겠어" 정도다. 굳이 산다고 해도 비난하지 않는다. 개인의 선택은 항상 존중받아야 한다.

일본 불매운동의 대표 타깃은 유니클로였다. "불매운동이 오래가지 못할 것"이라고 자신만만해하던 초반과 다르게 15개 점포를 폐점하고 자매 브랜드인 GU는 영업 중단을 했다. 당시 분위기는 유니클로 매장에 들어가기만 해도 눈치가 보일 정도였다. 온라인에는 일본 회사 목록을 정리한 불매 리스트가 돌아다녔다. 기업들은 리스트에 들어가지 않기 위해 일본과 무관함을 강조했다. 일본 여행을 취소하는 친구들도 많았다. 시간이 지나면서 약간 줄어들었지만 꾸준히 계속되고 있다.

90년생은 일본과 우리나라의 차이가 크지 않다고 생각한다. 뛰어넘었다고 하지는 않지만 적어도 열등감은 없다. 과거 식민지 시대의 한국을 생각하고 대하는 일본의 태도에 화가 나는 것이 당연하다. 하지만 일본 전체에 대한 혐오로 번지는 것은 주의한다. 불매운동이 시작된 직후 한국갤럽의 조사에 따르면 20대의 51%가 일본인에 대한 호감을 나타냈다. 일본 정부의 태도 개선을 요구하는 것이지 무조건적으로 싸우자는 의미가 아니다. 일본인 개인은 아무 잘못이 없다는 것을 인지하고 있다.

소비를 통해 의견을 표출하는 것은 우리나라만의 문화가 아니다. 2020년 미국에서는 경찰의 과잉 진압으로 흑인 남성 조지 플로이드가 사망한 사건으로 인종차별 문제가 크게 대두되었다. 백인이었다면 과잉 진압을 하지 않았을 것이라며 미국뿐 아니라 세계적으로 인종차별 시위가 일어났다. 미식축구 선수 콜린 랜드 캐퍼닉은 인종차별에 항의하는 의미로 미국 국가가 나올 때 일어나지 않고 한쪽 무릎을 꿇고 있었다. 이 사건으로 인해 그는 팀에서 퇴출되었다.

인종차별 항의의 상징이 된 캐퍼닉은 나이키 모델로 발탁되었다. 나이키는 30년째 이어온 슬로건을 'Just do it(그냥 해)'에서 'For Once, Don't do it(이번만은 하지 마)'으로 바꾸었다. 광고를 통해 인종차별에 대한 메시지를 전달한 것이다. 〈뉴욕타임스〉에 따르면 캐퍼닉의 나이키 모델 발탁은 4300만 달러의 홍보 효과를 가져다주었다고 한다. 나이키의 성공을 보고 아디다스와 구찌와 같은 기업들도 인종차별 반대 운동에 참여했다. 소비에 의미를 부여하는 90년생의 성향을 이용한 것이다.

하지만 이러한 마케팅은 결코 쉽지 않다. 나이키였기에 가능했을 수도 있다. 미국 스타벅스는 직원들이 인종차별 반대 티셔츠를 입지 못하게 했다가 불매운동의 대상이 되었다. 페이스북은 미국 트럼프 대통령이 쓴 "약탈이 시작되면 총격도 시작된다"는 글을 삭제하지 않아 불매운동이 일어났다. 바로 글을 삭제한 트위터와 대비되었다. 페이스북의 대형 광고주인 코카콜라와 유니레버 등이 이탈하면서 주가가 하루 만에 8.3% 하락했다. 스타벅스나 페이스북 같은 대형 기업들도 트렌드를 정확히 읽지 못하면 곧바로 피해를 입는다.

90년생에게 소비는 단순히 필요한 물건을 사는 것이 아니다. 좋은 일을 하는 회사는 밀어주고 내 가치관에 반하는 회사의 제품은 사지 않는 방식으로 자신의 의견을 표현한다. 소비를 통해 선한 영향력을 이어가는 것을 중요하게 여긴다.

PART
05

90년생에게
파는 법

- 밀레니얼 맘과 대디를 공략하라
- 90년생은 트렌드 전파자
- 90년생을 움직이는 콘텐츠 마케팅
- 인스타그램 마케팅은 필수
- 용도에 따라 골라 쓰는 SNS
- 90년생의 진짜 목소리 듣는 법
- 00년생이 온다

밀레니얼 맘과 대디를
공략하라

내 삶도 아이 삶도 포기 못 해

2020년에 90년생은 31세가 되었다. 결코 어리지 않은 나이다. 이들이 결혼할 나이에 접어들면서 키즈 산업도 90년생에 주목하기 시작했다. 아이를 위해 아낌없이 투자하려는 마음은 모든 세대에서 공통적으로 나타난다. 출생아 수는 줄어들고 있지만 키즈 산업은 점점 커지고 있다. 하지만 아이가 생겼다고 자기 삶을 희생할 생각은 없다. 간편식을 사용하고 의류건조기와 같은 기계의 도움을 받아 내 시간을 확보한다.

자기가 원하는 것을 자식에게 투영하는 것은 자연스러운 현상이다. 자녀가 자신이 원했던 삶을 살기를 바라고 지원한다. 수평적

관계를 중요시하는 90년생은 친구 같은 엄마, 아빠가 되려고 한다. 아이들은 부모의 영향을 받아 콘텐츠를 돈 주고 구입하는 데 거부감이 없다. 90년생이 경험을 중요하게 생각한다는 점도 아이를 키울 때 영향을 준다. 자식에게도 많은 것을 경험하게 해주고 싶어 한다. 자식 세대와 어느 정도의 가치관은 공유한다.

90년생의 아이들을 알파 세대라고 한다. 95년생 이후를 의미하는 Z세대의 다음 세대이다. X부터 Z까지 다 소진한 후 다시 알파로 이름 붙였다. 알파 세대는 인공지능 세대라고 한다. 2011년 애플의 인공지능 시스템 '시리' 출시일을 기준으로 2011~2025년에 태어난 아이들을 일컫는다. 아직 어리다고 무시하기에는 사회에 끼치는 영향력이 상당하다. 온라인에서 많은 것을 소비하고 심지어 생산하기까지 한다. 기계와 대화하는 것이 익숙하고 온라인으로 해결하는 것이 편하다.

유튜브에서 가장 많은 수익을 올리고 있는 채널들은 대부분 키즈 채널이다. 세계에서 가장 많은 광고 수입을 올리는 유튜브 채널은 '라이언 토이즈리뷰(Ryan ToysReview)'로 2011년에 시작되었다. 2018년 유튜브 광고 수입만으로 2200만 달러를 벌었다. 돈을 받고 제품 리뷰를 하는 광고를 제외한 수치다. 2018년 기준으로 국내 수익률 1위는 '탑탑토이즈', 2위는 '캐리와 장난감 친구들'로 둘 다 키즈 채널이다. 이외에도 '보람튜브'는 강남에 90억 원 상당의 건물을 매입하며 모두의 부러움을 사기도 했다.

밥 잘 사주는 예쁜 엄마

출생아 수는 줄어들고 있는데 키즈 산업은 커지고 있다는 것은 한 명 한명의 영향력이 크다는 의미다. 평균적으로 1명의 아이가 소비하는 금액이 커졌다고 할 수 있다. 알파 세대가 사용하는 돈은 대부분 부모인 90년생에게서 나온다. 이들에게는 무엇인가를 구입함으로써 아이가 경험할 수 있는 부분을 어필해야 한다. 키즈 산업의 바탕은 콘텐츠이다. 뭔가를 소유한다는 개념에서 벗어나야 제대로 접근할 수 있다.

첫 번째는 직접 아이를 타깃팅하는 것이다. 아이가 좋아할 만한 물건과 콘텐츠를 제작하는 방식이다. 90년생이 결혼했다면 맞벌이일 확률이 높다. 아이를 믿고 맡길 곳이 필요하다. 주말이라면 아이를 데리고 쉴 수 있는 장소가 필요하다. 고용노동부에 따르면 키즈 카페의 수는 2011년 1130개에서 2018년 2300개로 2배 이상 증가했다. 키즈 산업은 레드오션이라는 말을 수년 전부터 들었지만 계속 성장했다. 아이가 직접적으로 소비할 물건을 판매하면서 90년생의 주머니를 노릴 수 있다.

두 번째는 부모인 90년생을 타깃팅하는 것이다. 90년생은 여행을 자주 다니며 자유롭게 자랐다. 자기만의 시간을 중요하게 생각하지만 여건이 되지 않는다. 영유아 자녀를 데리고 무엇인가를 함께할 것도 많지 않다. 아이가 울기라도 하면 주변 사람들의 시선이 신경 쓰인다. 누군가에게 아이를 맡기고 떠나는 것도 부담스럽다. 아이와 함께 힐링할 수 있는 공간이 필요하다. 이러한 니즈는 호캉스로 어느 정도 해결이 가능하다. 굳이 아이 때문이 아니라도 호캉스에 익숙하다. 호텔에서는 어린이 전용 수영장을 만드는 등 아이와 부모를 모두 만족시키려는 노력을 하고 있다. 호텔 뷔페에는 아이들이 좋아하는 음식을 배치한다. 아이와 부모를 위한 프로그램을 운영하기도 한다. 아이 때문에 쉬는 것에 제약을 받는 90년생 부모를 위한 최적의 상품이다. 키즈 상품을 접목하는 호텔이 많아지고 있다.

1인 가구 위주로 성장한 간편식 시장도 육아를 시작하는 부모들에게 인기를 끌고 있다. 《트렌드 코리아 2019》(김난도 외)에서는 밀레니얼 가족을 '밥 잘 사주는 예쁜 엄마'라고 표현했다. JTBC 드라마 〈밥 잘 사주는 예쁜 누나〉를 패러디한 것이다. 직접 만들어 먹으면 경제적이지만 굳이 집착하지 않는다. 사 먹거나 간편식으로 대체하면서 자기 시간을 확보한다. 남는 시간에는 하고 싶은 일을 한다.

가족을 한곳에 모아 화목한 분위기를 만드는 데 한몫했던 소파나

텔레비전의 역할이 줄어들고 있다. 어차피 유튜브를 보는 시간이 더 길고 TV 프로그램은 넷플릭스로 보면 된다. 반면 시간을 절약해주는 가구는 많이 찾는다. 의류건조기, 식기세척기, 로봇청소기는 필수 생활가전으로 삼신(三新)가전이라 불린다. 가사노동을 크게 줄여준다는 공통점이 있다. 비싼 가전제품을 사더라도 자신을 위한 시간을 확보하려는 의지가 만들어낸 시장이다.

요즘 신축 아파트에는 대부분 '알파룸'이 있다. 주로 창고로 이용되던 자투리 공간을 활용한 것인데, 작은 방 하나가 생기는 개념이다. 사람들이 알파룸을 선호하게 된 데는 취미를 중요시하는 성향이 크다. 게임하는 부부들을 위해 PC방으로 꾸미기도 하고 패션에 관심이 많으면 드레스룸으로 만들기도 한다. 알파룸은 집이 생기면 만들고 싶었던 콘셉트를 적용하기에 적합한 장소다.

90년생은
트렌드 전파자

취향을 공유하는 X세대와 밀레니얼 세대

각각의 세대는 독립적이지 않고 다른 세대와 영향을 주고받는다. 가족은 서로에게 더 큰 영향력을 끼친다. 불황일수록 가족과 더 가까워진다. 전적으로 부모님에게 의지하던 나이대를 지나 독립하기 시작하면 반대로 영향을 끼친다. 서로의 코드에 맞는 브랜드를 접목해서 시너지를 낸다.

하버드 비즈니스 스쿨의 존 웰치(John Welch) 교수는 불황일 때는 '가족 가치'에 초점을 둔 마케팅을 하라고 한다. 힘들 때일수록 가까이 있는 가족에게 의지하는 성향이 강해진다. 우리나라는 이미 성장을 멈춘 지 오래다. 경기가 안 좋다는 말을 달고 살며 항상 불황이라고 느낀다. 그래서 가족에 의지하는 비중이 커졌다. 90년생이 성인이 되면 일방적인 의지가 상호 의지로 바뀐다. 서로의 경제적인 부분에 어느 정도 영향력을 끼치기 시작한다. 어떤 물건을 구입할 때 의견을 나누고 추천해주기도 한다.

특정 세대만을 위한 제품을 만드는 브랜드에 다른 세대들이 들어오고 있다. 올리브영은 오랜 기간 2030세대가 찾는 브랜드였다. 그런데 시간이 지나면서 40대 이상 중장년층이 유입되고 있다. 선물용도가 아니라 자신이 사용하는 물건을 사기 위해 찾는다. 2012년 올리브영의 중장년층 매출은 6.8%였다. 6년이 지난 2018년 상반기에는 20.7%로 무시할 수 없는 비중을 차지했다. 비타민과 같은 영양제뿐 아니라 립 틴트와 같은 색조화장품도 구입한다.

2018년 30대를 위한 의류 브랜드 '지스바이'와 50대를 위한 브랜드 '지센'을 통합한 매장이 등장했다. 한 사람을 위한 브랜드를 만들어야 한다, 고객을 세분화해야 한다고 배운 마케터들은 이 성공이 낯설기만 하다. 오픈 첫 달 매출이 2억 7천만 원을 기록했다. 지금은 통합형 매장이 대거 등장해 엄마와 딸이 함께 데이트할 수 있는 장소가 되었다. 트렌드를 잘 보는 90년생과 90년생을 통해 최신 정보를 얻는 기성세대의 특성을 잘 공략했다.

미국 통신업체 스프린트(Sprint)가 진행한 '모바일의 결정적 순간(Mobile Moment of Truth)'이라는 연구에 따르면 90년생은 구매 후 내용을 공유하려는 성향이 다른 세대들보다 강하다고 한다. 다른 사람들의 소비에 끼치는 영향력이 강하다는 뜻이다. 90년생은 개인주의로 자기주장이 강한 만큼 자신의 선택을 공유하고 싶어 한다. 소비한 무엇인가를 공유하며 연대 의식을 느끼려고 한다.

90년생의 부모는 아직 젊다

90년생의 부모는 86세대에서 X세대에 걸쳐 있다. 모든 나라, 모든 역사에서 젊은 세대를 그 나라의 미래라고 한다. 하지만 우리나라 역사를 보면 86세대만큼 자신들을 각인시킨 세대가 없다. 은퇴를 앞둔 그들은 제2의 인생을 준비하고 있다. 이 시장이 모든 연령대 중 가장 크기 때문에 타깃팅하기 좋다. 2017년 통계청에 따르면 50~69세의 10명 중 7명(71.7%)이 퇴직 후에도 계속 일하기를 희망한다고 한다. 생계 유지에만 힘쓰다가 뒤늦게 하고 싶은 일을 하려는 것이다.

유튜브 40만 구독자를 보유한 '심방골주부' 채널 운영자 조성자 씨는 평범한 주부였다. '심방골주부'는 한식 레시피 채널이다. 박막례 할머니는 시니어 셀럽이 되어 제2의 인생을 살고 있다. 이런 특이한 경우가 아니라도 자기가 하고 싶었던 일을 하려는 경향이 있다. 서울대학교 소비 트렌드 분석센터에서 새로운 직업 활동 시 중요하게 생각하는 것을 조사했다. 50대의 56.8%, 60대의 74.5%가 "유연성, 성취감, 재미 등 자아실현 부분이 중요하다"고 답했다.

단순히 '놀이 문화를 판매하는 사업이니까 젊은 세대를 타깃팅해야지' 한다면 잘못된 접근이다. 독특하고 색다른 것을 먼저 시도해보는 것은 90년생이다. 재미있다는 것이 증명되면 소문이 나기 시작한다. 그들이 친구들과 가족들에게 전파하면 다른 세대들도 적극적으로 이용한다. 2019년 KBS 뉴스는 문화 관람률이 50~60대에서 가장 높게 나타났다고 보도했다. 남성의 77%, 여성의 89%가 1년에 한 번 이상 문화 활동을 한다는 것이다. 90년생에게 재미를 증명하고 기성세대에게 파는 전략도 하나의 방법이 될 수 있다.

시니어 산업의 성공률이 낮은 이유가 무엇일까? 나이가 조금 많다는 이유로 '다르다'는 편견이 발목을 잡기 때문이다. 몸이 불편한 것을 해결해주려고 하고 건강식을 강조하면 찾지 않는다. 어느 정도의 차이는 있지만 90년생의 부모와 90년생의 취미 생활은 크게 다르지 않다. 은퇴하고 한적한 시골에 내려가 생활할 것이라는 편견은 조선시대 발상이다. 대부분 도시를 떠나지 않고 90년생과 계속 교류하며 산다. 아직 젊은 90년생의 부모에게 나이를 강조하면 외면받는다.

새로운 것을 하지 않아도 된다. '나이 든 사람을 위한 서비스'를 내세우면 거부감만 일으킨다. 기존의 서비스에 약간의 배려를 가

미하면 훌륭한 서비스로 재탄생할 수 있다. '더현대닷컴'은 현대백화점의 온라인 쇼핑몰 서비스이다. 2019년 글자 크기를 30%가량 키우고 이미지 수를 3배 이상 늘렸다. 주요 관심사인 화장품과 건강용품까지 강화한 결과 50대 이상에서 매출 증가율이 51.8%를 기록했다. 기존 제품을 사용하며 느끼는 불편함을 해소해준 것만으로 혁신이 된다.

90년생을 움직이는
콘텐츠 마케팅

90년생이 광고를 피하는 법

디지털이 발전할수록 한 사람에게 노출되는 광고 수가 늘어난다. 어떤 페이지를 가든 광고를 거르기 바쁘다. 광고를 보지 않기 위한 노하우가 공유되기도 한다. 지금 90년생의 반응을 이끌어내는 방법은 콘텐츠 마케팅이다. 재미있는 광고를 만들어 광고라는 거부감을 없애주어야 한다. 배달 앱 배달의민족은 치믈리에(치킨 감별사) 자격시험을 만들었다. 직접적인 판매 목적이 아니라 소비자를 즐겁게 해주기 위한 이벤트였다. 90년생이 광고에 대해 잘 알게 되면서 마케팅 수법도 고도화되고 있다.

90년생은 광고에 질려 있다. SNS에 들어가면 광고가 나온다. 유튜브를 보려고 해도 광고가 나온다. 심지어 밖을 나가도 옥외광고로 깔려 있다. 손님을 유치하려는 광고가 많으니 웬만한 광고에는 눈길도 안 간다. 광고는 점점 눈살을 찌푸릴 만큼 자극적으로 변한다. 그럴수록 광고에 대한 거부감이 더 커지는 악순환이 반복된다. 대부분의 영역에 광고가 침투해 있으니 진짜 정보와 광고를 구분하는 능력은 필수이다. 지금 보고 있는 글이 광고인지 아닌지 짐작하며 읽는다.

어떤 물건을 사려고 네이버를 검색해본다. 블로그를 보니 많은 후기들이 있다. 좋은 내용들이 많다. 흥미를 가지고 다 읽었더니 맨 밑에 이런 말이 있다. '이 글은 소정의 상품을 받고 작성하였습니다.' 제품 후기가 알고 보니 광고였다. 그 순간 김이 샌다. 다른 블로그는 맨 아래부터 본다. 어김없이 광고라는 말이 달려 있다. 낚였다는 느낌이 들면 제품을 사지 않게 된다. 광고 때문에 플랫폼을 떠날 정도로 광고 스트레스를 받고 있다.

'내돈내산'은 내 돈을 주고 내가 샀다는 뜻이다. 광고가 아니라는 것이다. 광고가 아닌 콘텐츠를 보기 위해 검색한다. 일부러 비속어를 섞어서 검색하기도 한다. 광고주가 비속어는 허용하지 않으니 한동안 유용했다. 광고를 피하기 위한 노하우들을 기업들이 학습하면서 광고는 더 교묘해졌다. 자기가 샀다고 주장하는 것도 믿을 수 없고 비속어가 있다고 광고가 아니라는 보장도 없다. 사람들이 싫어하는 것을 가장 먼저 아는 것은 기업이다. 기업들은 이제 소비자들이 싫어하는 광고를 억지로 하지 않는다. 대신 좋아하는 광고를 하는 전략을 취하고 있다.

광고라는 것을 드러내면서도 거부감이 없게 만든다. '광고왕 김광고'는 "사람들은 광고를 싫어하지 않습니다. 클라이언트에게 컨펌받은 재미없는 광고를 싫어할 뿐입니다"라고 한다. 원하지 않는 정보를 계속 주입하려고 하니 거부 반응을 일으킨다. 정말 재미있다면 광고라도 친구에게 보여줄 용의가 있다. 소비자 스스로 광고하는 것이 가장 이상적인 광고이다. 이것을 입소문 마케팅이라고도 한다.

'본격 LG 빡치게 하는 노래(불토에 일을 시킨 대가다 ㅎㅎ)'는 소비자들이 스스로 찾아서 본 광고이다. 광고에서는 "LG 마케팅팀은 컨펌만은 하겠다고 했어야 했다"며 광고주를 놀린다. 별밤(대표적인 감성주점)을 가다가 돌아와 일을 해야 했던 슬픈 사연도 담겨 있다. 대부분 자기가 짜증 난 얘기를 하다가 제품 특징 몇 가지를 말하고 광고를 종료한다. 만든 사람을 걱정하는 댓글들이 나왔다면 성공이다. 기업은 소비자들의 재미를 위해 상당 부분 양보하고 있다. 재미있는 광고들 사이에서 살아남기 위해 더 특별해지거나 더 양보해야 한다.

배달의민족은 와인에 대해 잘 알고 추천해주는 사람을 의미하는 소믈리에를 패러디해서 치믈리에 자격시험을 만들었다. 여기에서 배달의민족을 사용하도록 유도하지 않는다. 누구보다 치킨에 대해 잘 안다고 자부하는 사람들이 자발적으로 지원했다. 지원자가 57만 명이었고, 500명이 시험에 응시해 47명만이 최종 합격했다. 물론 수익을 위해 회사를 운영하는 것이지만 티를 내면 소비자들이 싫어한다. 어차피 기업은 수익을 추구한다는 것을 알고 있으니 재미를 부각하는 것도 방법이다.

90년생이 찾아보는 광고는 이런 정도이다. 자기가 좋아하던 소형 채널에서 광고를 하면 축하하기 위해 본다. 대형 채널은 광고를 워낙 많이 하니 굳이 찾아보지 않는다. BJ들이 광고하는 것을 '숙제'라고 한다. 돈을 받으려면 광고를 해야 한다는 뜻이다. 무엇인가를 홍보하면 "숙제야?"라는 댓글이 나온다. 댓글로도 같이 홍보를 해준다. "아니, 이런 기능에 뛰어난 가성비까지 있군요!"라고 쓰고는 "계좌 보내면 돼요?" 하고 코멘트를 남긴다.

90년생, 알고 보면 광고 전문가

90년생은 광고에 대해 생각보다 많이 안다. CPC(Click Per Cost) 같은 전문용어까지는 모르지만 이런 키워드 광고가 클릭당 돈이 빠져나간다는 정도는 안다. 인스타그램을 할 때 스폰서라고 떠 있는 부분은 광고라는 것도 안다. 유튜브 광고를 스킵하지 않으면 광고 수익을 더 많이 받는 것도 안다. 좋아하는 채널에 수익을 더 주기 위해 의도적으로 스킵하지 않기도 한다. 어떤 부분이 광고인지 알기 때문에 눈길을 끌어도 굳이 클릭하지 않는다. 세상에 다양한 유형의 광고들이 있지만 90년생에게 영향을 끼치는 광고는 '콘텐츠 마케팅'이다.

콘텐츠 마케팅이란 글이나 영상을 제작하여 업로드하는 것을 말한다. 소비자들이 원하는 양질의 자료를 제공한다. 사람들은 다양한 이유로 유튜브를 구독하고 잡지와 신문을 챙겨 본다. 단순히 재미를 위해 볼 때가 많다. 특정 분야에 대한 지식을 쌓기 위해 보기도 한다. 광고를 보게 하려면 이런 콘텐츠들을 무료로 제공해야 한다. 양질의 정보를 제공하면서 광고는 한 번씩 보여주는 형식이다. 이러한 방식으로 단순한 소비자에서 브랜드의 팬으로 만들 수 있다.

콘텐츠 마케팅을 하기로 마음먹었다면 길게 봐야 한다. 단기간에 결과가 나오지 않는 마케팅 기법이다. 블로그, 페이스북, 인스타그램, 유튜브 등 어떤 플랫폼을 사용하든 상관없다. 전체의 70%는 광고와 전혀 무관한 내용을 써야 한다. 소비자가 진짜 원하는 정보를 70%, 20%는 소비자가 반응한 내용을 쓴다. 조회수가 많이 나온 내용을 업로드한다. 그리고 10%에 광고를 하는 것이다. 1개의 광고를 올리기 위해 9개의 콘텐츠를 제작하는 노력을 해야 한다.

콘텐츠 마케팅은 비용이 많이 들고 효과를 얻기까지 오랜 시간이 걸린다. 단순히 "해보자" 하고 뛰어들 수 있는 영역이 아니다. 콘텐츠 마케팅을 하면 소비자의 댓글에 답을 달아주는 등의 소통을 해야 한다. 반응이 없거나 이상한 글을 달기라도 하면 안 하느니만 못하다. 모두를 만족시키는 마케팅이 아니라 한 명을 위한 마케팅을 해야 한다. 이론상으로는 그렇지만 실제로 적용하는 데는 무리가 있다. 소수를 만족시킬 수 있겠지만 회사 전체로 봤을 때 이익이 되지 않는다. 사전에 면밀한 조사가 필요하다.

90년생은 광고를 되도록 보지 않으려 한다. 제품 정보를 전달하기 위해 광고를 해서는 안 된다. 먼저 보고 싶은 콘텐츠를 주고 광고를 보여주어야 거부감이 적다. 광고라는 사실을 알면서도 보게 하려면 재미있어야 한다. "이걸 광고주가 승인했나요?" 하는 질문을 받았다면 성공한 것이다. 실제로도 이런 댓글이 많이 달린다. 콘텐츠 마케팅은 난이도가 높다. 쉽게 따라 할 영역은 아니니 신중하게 고려하고 적용해야 한다.

인스타그램 마케팅은 필수

이미지로 유혹하고, 체험으로 끌어들여라

인스타그램은 이미지 기반의 SNS이다. 글을 쓰고 해시태그를 달 수 있지만 주목적은 사진을 보는 것이다. 사진을 보다가 재미있는 장면이 눈에 띄면 첨부한 글을 본다. 인스타그램은 글보다 이미지 위주로 보는 것이 편하다. 90년생이 주로 사용하는 플랫폼은 이미지 위주가 많다. 패션 서비스 '지그재그'는 이미지가 먼저 노출되고 상세 정보는 클릭해서 본다. 인스타그램을 활용한 마케팅 연구는 이미 나올 만큼 나왔다. 상황에 맞게 적용하는 일만 남았다.

2020년 기준 90년생이 주로 하는 SNS는 인스타그램이다. 자신의 일상을 자동으로 삭제되는 '인스타 스토리'에 올리고, 피드에는 계속 남길 사진을 올린다. 글을 써봐야 첫 한 줄만 보이고 '더 보기'를 눌러야 전체 글을 볼 수 있다. 사진에 관심 없으면 '더 보기'를 누르지 않는다. 광고라면 '더 보기'를 더더욱 누르지 않는다. 광고라는 것을 알고도 너무 궁금해서 눌러볼 만한 이미지를 올려야 한다.

인스타그램을 하는 사람들은 사진을 많이 찍는다. 사진을 찍는 것이 습관화되어 있다. 밥이 차려지면 사진부터 찍고 먹는다. 음식이 다 나오고 사진을 찍을 때까지 기다려야 한다. 생각 없이 한입 먹었다간 무슨 소리를 들을지 모른다. 수많은 사진 중에 가장 잘 나온 사진만 인스타그램에 올린다. 20대 중반 이하까지 이렇게 하는 사람들이 많고 이후로 점점 줄어들기 시작한다. 이제 어느 정도 정착된 인스타그램 마케팅은 크게 4가지로 구분된다.

첫 번째는 '스폰서 마케팅'이다. 인스타그램에 돈을 주는 일반적인 마케팅이다. 인스타그램 홈 화면에서 아래로 쭉 내리면 친구들의 피드가 나오는데 중간에 광고가 섞여 있다. 그 사진 위에는 'Sponsored'라고 적혀 있다. 이것이 스폰서 마케팅이다. 일반적인 피드처럼 사진을 여러 장 올릴 수도 있다. 짤처럼 어느 정도 움직이는 영상도 가능하다. 클릭하면 쇼핑몰로 연결된다. 스폰서 마케팅의 최대 장점은 정밀 타깃팅이 가능하다는 점이다.

타깃팅은 마케팅의 기본이다. 누구에게나 팔 수 있는 제품은 없다. 스폰서 마케팅은 연령대와 관심사를 설정하고 그 사람들에게

만 나오게 할 수 있다. 처음 가입할 때 설정한 관심사를 고려한다. 주로 보는 피드의 특징을 분석해서 비슷한 광고를 할 수 있다. 단점은 노출 수 대비 효과가 적다는 것이다. 이미 광고라는 것을 인지하고 보기 때문에 그냥 넘어갈 가능성이 높다. 광고를 하면 '좋아요'를 얼마나 받았고, 얼마나 많은 노출이 있었는지 등의 보고서를 받는다.

두 번째는 '해시태그 마케팅'이다. 고객을 마케터로 만드는 고도의 마케팅 수법이다. 간혹 음식점에서 사진을 올리고 해시태그에 음식점 이름을 넣으면 서비스를 주는 곳이 있다. 소비자가 피드를 올리고 스스로 해시태그를 건다는 점에서 일종의 해시태그 마케팅이라고 할 수 있다. 이런 것은 1차원적인 마케팅으로 나중에 삭제하는 등 큰 효과를 얻기는 힘들다. 스스로 광고를 대행해주고 있다는 느낌을 받으면 성공적인 마케팅이 되지 않는다.

중견기업과 대기업은 진짜 '해시태그 마케팅'을 한다. 소비자가 직접 자신의 제품을 해시태그에 쓸 수 있는 놀이를 제공한다. 매일유업은 '우유 속에 한 글자' 캠페인을 진행했다. '우유 속에' 한 글자씩 넣고, 그 글자로 단어를 만들어 SNS에 올리는 것이다. 편의점에서 주기적으로 진행하는 2+1 행사로 이 마케팅을 지원했다. 소비자가 스스로 제품명을 해시태그에 걸고 자기가 만든 단어를 보게 한다. 거부감 없이 그냥 재미있을 것 같아서 올린 글은 매일유업을 대신 광고해준다.

세 번째는 '체험단 마케팅'이다. 돈이 많을수록 유리한 스폰서 마케팅과 해시태그 마케팅보다 비교적 소규모로 하기에 적합하다. 체험단 마케팅은 제품을 제공하고 함께 찍은 사진을 인스타그램에 올린다. 인스타그램에만 있는 마케팅은 아니다. 블로그, 유튜브 등 대부분의 플랫폼에서 진행하고 있다. 광고라는 사실을 표기하지 않으면 뒷광고 논란을 일으킨다. 소규모 사업자라면 5천 원에서 2만 원 정도 하는 규모의 인스타그램에 홍보하면 된다. 팔로워가 수십만 명 단위인 연예인은 수천만 원이 든다. 재정 상황에 맞게 홍보 가능한 방법이다.

네 번째 방법은 '인스타그래머블 마케팅'이다. 인스타그래머블은 인스타그램에 '할 수 있는'을 의미하는 'able'을 합친 단어다. '인스타그램에 올릴 만한'이라는 뜻이다. 실제 사용하는 단어라기보다는 마케팅 용어에 가깝다. 인스타그래머블 마케팅은 오프라인 사업장에서 사용한다. 테이블이 의자보다 낮아서 불편했던 경험이 있다면 이 마케팅을 하는 카페이다. 개인의 편의보다 사진을 잘 찍을 수 있게 구성해놓았다. 오래 앉아 있기는 불편하지만 사진을 찍기 위해 방문하는 곳이다.

인생사진관은 인생에 한 번 나올까 말까 한 잘 나온 사진을 찍으러 가는 전시회다. 사진은 정말 잘 나오지만 가서 보면 그리 대단하지는 않다. 사진을 찍는 공간만 잘 꾸며져 있다. 사진에서 예쁜 장소가 전체의 질을 보장하지 않는다. 잘 나온 사진을 보고 새로운 사람들이 유입되면 따로 광고를 하지 않아도 고객이 스스로 찾아온다. 단점은 난이도가 높다는 것이다. 요즘은 어딜 가든 포토존이 있기 때문에 수많은 경쟁을 뚫을 정도로 꾸미기가 쉽지 않다.

90년생이 브랜드와 친구 맺기

기업들은 90년생이 이미지 기반 플랫폼을 편애한다는 것을 바로 적용했다. 지그재그는 90년생 여성이 가장 많이 쓰는 앱 중 하나다. 많은 쇼핑몰들을 하나로 묶은 것으로 다른 쇼핑몰을 둘러볼 필요가 없다. 지그재그는 인스타그램과 비슷하다. 이미지가 쭉 있고, 메인 페이지에는 상세 정보가 보이지 않는다. 사진만 보다가 관심 있는 옷이 있으면 상세 정보로 들어간다. 자세한 글도 중요하지만 일단 관심을 끌기 위해 사진이 가장 중요하다.

인스타그램에는 팔로우와 팔로워가 있다. 팔로워는 그 사람을 팔로우하는 사람을 말하고, 팔로우는 그 사람이 팔로우하는 사람을 말한다. 누구나 그렇게 생각하겠지만 팔로워가 팔로우보다 많은 것을 선호한다. 그 차이가 클수록 폼이 난다. 내 피드를 보기 위해 팔로우한 사람이 많다는 뜻이다. 기업은 여기에서 고민에 빠진다. 기업 계정으로 누군가를 팔로우하기는 부담된다. 소비자는 소비자대로 굳이 광고 계정을 팔로우할 이유가 없다.

　SNS에서 친구 추가에 연연하지 않아도 된다. 시장조사 업체 포레스터 리서치의 소비자 심리 분석가 재클린 앤더슨에 따르면 90년생이 브랜드와 친구 맺기를 좋아하는 것은 아니라고 한다. 정확히 말하면 싫어한다는 표현이 더 맞을 수도 있다. 페이스북을 기준으로 브랜드와 친구를 맺고 싶은 젊은 층이 6%에 불과하다고 한다. 회사의 실무자라면 친구를 늘려야 보고할 때 편하다. 그래서 아예 안 할수는 없겠지만 효과가 미미하리라는 것을 감안해야 한다.

　어떤 방법을 선택하든 가장 중요한 것은 이미지다. 강렬한 이미지로 소비자가 클릭하게 만드는 것에서 시작된다. 그래서 90년생을 목표로 하는 플랫폼들은 이미지를 기반으로 만들어진다.

용도에 따라
골라 쓰는 SNS

페이스북은 안 하지만 페메는 한다

90년생은 처음에 인스타그램부터 사용한 것이 아니다. 싸이월드부터 시작해 페이스북을 사용하다가 인스타그램에 정착했다. 메신저는 버디버디를 하다가 네이트온, 카카오톡으로 흘러갔다. 최근 카카오톡에서 페이스북 메신저로 넘어가고 있다. 실시간 스트리밍을 보는 플랫폼으로는 아프리카TV, 트위치TV(Twitch TV), 유튜브 라이브가 있다. 모두 90년생이 사용하는 플랫폼이지만 각각의 특징이 있다. 지금까지 사용해온 SNS의 흐름을 알면 90년생을 더 잘 이해할 수 있다.

SNS는 빠르게 변해왔기에 90년생 안에서도 나눠야 한다. 2020년에 20대 후반에서 30대 초반인 90년생은 버디버디부터 시작했다. 스마트폰이 보급되지 않던 시절 컴퓨터에서 버디버디로 대화를 나눴다. 90년대 중반은 버디버디를 조금 사용하다가 바로 네이트온으로 넘어갔다. 99년생은 버디버디를 사용하지 않았다. "설마 버디 세대예요?" 하면서 90년대 초반에 태어난 사람들과 거리감을 느낀다. 이후 네이트온을 사용하다가 카카오톡이 대세가 되자 PC에서도 카카오톡을 한다.

버디버디를 하던 시절 함께하던 SNS는 싸이월드다. 싸이월드에서는 개인의 사진을 올리고 꾸밀 수 있는 '미니홈피'를 제공했다. 제대로 꾸밀 수 있는 나이대는 아니었기 때문에 70년생과 80년생이 더 잘 안다. 이후 페이스북으로 넘어가서 모두가 페이스북을 하던 시절이 있었다. 인스타그램이 등장해 페이스북과 공존하던 시기를 지나 이제 대부분 인스타그램을 한다. 페이스북에서 인스타그램으로 넘어온 이유 중 하나는 광고 때문이다. 콘텐츠보다 광고가 더 많으니 비교적 광고가 없는 곳으로 옮긴 것이다. 지금 인스타그램도 광고로 도배되면서 떠나는 추세이다. 다만 새로 넘어갈 SNS가 없으니 인스타그램에 남아 있는 것이다.

DMC 미디어의 '2018 소셜미디어 이용 행태 및 광고 접촉 태도 분석 보고서'에 따르면 한국인의 SNS 이용 시간을 조사한 결과 2017년에는 하루 42.9분, 2018년에는 35.5분이었다. 1년 만에 하루 평균 7.4분 줄어들었다. 특히 페이스북 이용 시간이 62억 분에서 37억 분으로 크게 감소했다. 페이스북을 떠난 가장 큰 이유 중하나가 광고였는데 인스타그램에도 같은 현상이 일어난다. 어디로떠나든 광고가 따라온다는 것을 학습하여 SNS 사용 자체를 안 하는 경향도 생겼다.

'틱톡'은 중국에서 개발한 앱이다. 짧은 영상 위주의 플랫폼으로인기를 끌고 있다. 기성세대 중 뉴스에서 보고 "요즘 애들은 틱톡한다며?" 하는 사람들이 있다. 틱톡에 대해서는 90년생도 잘 모른다. 20대 초반인 99년생도 뉴스로 접한다. 틱톡은 2000년대 중반이후 세대가 사용한다. 1996년생~2010년생을 의미하는 Z세대 후반과 2011년 이후 세대를 의미하는 알파 세대에 걸쳐 있는 사람들이다. 지금 초등학생에 해당한다. 90년생에게 틱톡에 대해 물어봐도 아는 것이 없다.

카카오톡이 혁신적이라고 칭송받은 것은 무료 문자 서비스였기때문이다. 건당 비용 때문에 메시지를 맘껏 보내지 못하던 때에 빠르게 받아들였다. 한 달에 몇 개의 메시지를 보내는지 세던 때와달리 지금은 그냥 보낸다. 여기서 한 가지 의문이 나온다. 10년이지난 지금도 무료 문자 서비스가 카카오톡밖에 없을까? 지금 카카오톡을 사용하는 이유는 이미 익숙해졌기 때문이다. 내가 다른 메신저를 사용한다고 해도 다른 사람이 사용하지 않기 때문에 계속 카카오톡에 묶여 있다.

한국 사람은 전부 카카오톡을 사용한다고 생각하기 쉽다. 90년 생도 카카오톡을 쓰기는 한다. 하지만 어린 90년생일수록 카카오 톡을 덜 사용한다. 대체할 수 있는 메신저는 네이버의 라인이 있 다. 인스타그램 DM도 비슷한 기능을 제공한다. 스카이프를 사용 해도 된다. 이 많은 메신저 중 90년생이 사용하는 것은 페이스북 메시지다. 줄여서 페메라고 한다. 친구와 둘이 얘기할 때는 카카오 톡보다 페메를 이용한다.

SNS 주류와 비주류

대부분이 사용하는 정도는 아니지만 상당히 많이 사용하는 앱으로 '디스코드'가 있다. 처음 디스코드는 게임에서 시작되었다. 서로 톡 을 하며 게임을 할 때 디스코드를 켠다. 목소리를 듣는 용도인데 채팅 기능으로도 많이 쓴다. 게임을 하는 사람들끼리 단톡방 대신 사용하는 것이다. 하지만 게임 용도로만 쓰지 않는다. 친구끼리 채 팅을 하거나 그룹콜을 하기도 한다. 게임할 때 대화하기 위한 단체 전화로 해석하면 된다.

'에브리타임'은 대부분의 대학생이 이용하는 시간표 앱이다. 내 가 어떤 수업을 듣는지 입력하면 자동으로 그 시간이 시간표에 나온다. 학교 시간표 이외에는 수동으로 입력할 수 있다. 대학생의 프로필 사진에 시간표가 올라온 경우가 많은데 에브리타임 앱을 캡처한 것이다. 이 앱에는 커뮤니티 기능도 있다. 어느 그룹이든 그들만의 커뮤니티 그룹이 있다. 지금까지 대학생들은 학교에서 만들어준 커뮤니티에서 놀았다. 졸업하면 거의 들어가지 않지만 대학생이 자주 이용하는 앱이다. 아직 유료 광고는 제공하지 않고 있다.

실시간 스트리밍 서비스는 BJ가 방송하는 것을 실시간으로 볼 수 있다. 주로 보는 플랫폼으로는 아프리카TV, 유튜브 라이브, 트위치TV가 있다. 특별한 특징이 없는 유튜브 라이브는 주로 보는 플랫폼은 아니다. 유튜브를 오래 보다 보니 관심 있는 채널에서 라이브를 하면 보러 가는 정도이다. 아프리카TV와 트위치TV는 실시간 스트리밍을 보기 위해 이용한다. 유튜브와 마찬가지로 BJ에게 상품을 소개하는 광고를 줄 수 있다. 인기 BJ는 방송 중 옆에 띄우는 배너 광고를 진행하기도 한다.

트위치TV는 게임 방송에 특화돼 있다. 아프리카TV는 캠방송을 많이 한다. 캠방송은 얼굴을 보이며 소통을 하는 방송이다. 특화라고 해봐야 약간의 차이가 있을 뿐이다. 트위치TV에서도 캠방송을 많이 하고, 아프리카TV에서도 게임 방송을 많이 한다. 시청자 특징으로는 아프리카TV가 더 대중적이다. 트위치TV는 상대적으로 고

립된 느낌이 있고, BJ와 시청자끼리 재미있게 논다. 이런 특징 때문에 트위치를 보는 사람들을 '트수'라고 한다. '트위치 수호자'의 약자이다. 스트리밍은 다수가 보지 않고 일부가 오랫동안 본다. 보는 것을 이상하게 여길 정도로 적지는 않지만 안 보는 사람이 많다.

비주류로는 카카오 라이브톡과 인스타 라이브가 있다. 카카오 라이브톡은 10명으로 인원이 제한되어 있다. 주변 친구를 상대로 개인 방송을 할 때 사용한다. 핸드폰으로 라이브톡을 켜서 친구에게 초대를 날리면 된다. 인스타 라이브는 인원 제한이 없다. 인스타 친구가 라이브 방송을 시작하면 알림이 간다. 불특정 다수를 상대로 한다. 이 기능을 모르는 사람도 많다. 알지도 못하거나 주변에 한두 명이 하기에 기능이 있다는 것을 아는 정도다.

90년생의
진짜 목소리 듣는 법

댓글과 리뷰의 영향력

소비자가 어떻게 생각하는지 알고 상황에 맞게 대응하기 위해 VOC(Voice Of Customer)라고 해서 소비자의 목소리를 들으려고 한다. 과거 VOC는 회사 홈페이지에 불만 사항을 접수하고 해당 부서에서 해결하는 방식으로 진행됐다. 90년생은 불만이 있어도 회사에 직접 항의하지 않는다. 잘못된 물건을 샀다고 자책하는 내용을 SNS에 올리거나 댓글에 솔직한 후기를 남긴다. 처음 보는 상품을 평가할 때 리뷰를 참고하듯 새로 사는 사람들이 자신의 리뷰를 참고하기를 바란다.

　가성비를 내세운 대량생산 시대에는 소비자의 의견이 비교적 덜 중요했다. 가격 대비 좋은 물건을 만들면 소비자들은 알아서 찾아왔다. 지금은 다품종 소량 생산을 하는 시대이다. 개성을 중요하게 생각하며 다른 사람과 같은 디자인을 사지 않으려 한다. 소비자가 원하는 것이 무엇인지 정확히 알아야 팔린다. 상품이 상향 평준화되면서 선택의 폭이 넓어졌다. "어떻게 하면 좋은 상품을 만들까" 하는 것보다 "어떻게 하면 잘 팔 수 있을까" 고민한다.

가만히 있어도 소비자들이 개선점을 찾아 회사에 알려주는 시대는 지났다. 홈페이지의 '문의하기' 메뉴는 큰 손해를 입지 않은 한 쳐다보지도 않는다. 불만 사항이 접수되지 않는다고 해서 소비자들이 만족한다고 생각하면 매출은 점점 하향 곡선을 그리게 된다. 수동적이던 과거의 태도에서 벗어나 적극적으로 목소리를 찾아야 한다. 다양한 방법으로 나타나는 90년생의 VOC는 정제되어 있지 않다. 현상 속에 숨은 진짜 의미를 추리하고 개선해야 한다.

회사가 듣고 싶어 하는 것은 제품에 대해 느끼는 소비자의 진짜 생각이다. 소비자들은 불만이 조금 있다고 해서 회사에 개선을 요구하지 않는다. 비슷한 제품은 세상에 얼마든지 있다. 다른 것을 구입하면 된다. 너무 안 좋다고 느낀다면 SNS에 올린다. 회사 제품에 대해 솔직한 의견을 듣고 싶다면 SNS에 올라온 관련 글을 보면 된다. 인스타그램에 회사 제품 사진과 어떤 글을 썼는지 찾아본다. 이때 브랜드명을 해시태그로 검색하고 함께 올릴 만한 해시태그를 예상해서 찾아야 한다.

SNS와 비슷한 역할을 하는 것이 인터넷 커뮤니티다. 회사마다 타깃 소비자와 관련된 커뮤니티가 있다. 회사 제품에 대한 의견을 쓸 것 같은 커뮤니티를 찾아봐야 한다. 아무리 작은 산업군이라도 관련 카페 하나쯤은 있다. 네이버 카페를 보며 내가 속한 산업군에 속한 커뮤니티를 찾아 모니터링을 해야 한다. 대부분의 카페에서는 영업 활동을 금지하고 있으니 의견을 듣는 창구로만 활용하는 것이 좋다.

90년생은 잘 모르는 브랜드를 살 때 먼저 구입한 사람들의 리뷰를 본다. 댓글을 보고 어느 정도의 기대를 가져도 되는지 판단한다. 어차피 올라온 글의 상당 부분이 광고라는 것을 안다. 그래서 주로 부정적인 의견을 읽으며 단점을 찾는다. 별 5개를 준 사람의 말보다 4개를 준 사람의 말이 더 신빙성 있다. 배달의민족에 광고를 하는 사람이라면 별 1개를 준 댓글 하나가 얼마나 큰 영향력을 끼치는지 안다. 자기가 파는 상품에 대한 댓글과 별점 관리는 필수다.

〈뉴스1〉의 한 기사에는 이런 자영업자의 고충이 나온다. 자영업자 K씨는 "원가 부담이 크지 않은 소스를 무료로 주며 손글씨로 '별 5개 부탁한다'는 마케팅을 한다"며 "주문자 절반 이상은 댓글을 달지 않지만 평점을 조금이라도 높이려는 목적"이라고 설명한다. 평소 꾸준히 관리해도 비 오는 날 배달이 늦어지면 별점 테러를 하는 사람도 있다. 그런 사람이 나쁘다는 것은 90년생도 알고 있다. 하지만 참고할 정보가 없는 상황에서 리뷰에 의존하게 된다.

2017년 엠브레인 트렌드 모니터의 조사에 따르면 모든 연령대에서 '인터넷 댓글'과 '사용 후기'를 가장 많이 본다고 한다. '친한 친구의 의견'이라고 답한 사람(38.9%)도 상당 부분을 차지했다. 전문가의 의견을 중요하게 보는 사람은 9.8%에 불과했다. 불필요한 정보가 너무 많다는 것이 이유였다. 90년생이 댓글과 리뷰를 보는 것은 고유의 특성이라기보다 어쩔 수 없는 소비자의 심리라고 생각해야 한다.

보상을 할수록 솔직한 의견이 나온다

90년생은 솔직하고 직설적이라고 생각했다가는 낭패를 본다. 모르는 사람이 물어보면 진심 어린 답을 하지 않는다. 유튜브 영상도 초반 몇 초에서 관심을 끌지 못하면 끝까지 보지 않는다. 설문을 작성하다가 따분한 내용이 있으면 적당히 체크하고 넘어간다. 한 번씩 과제를 위해 해달라는 친구의 부탁도 귀찮다. 연결 고리가 전혀 없는 기업의 조사는 애초에 참여하지도 않는다. 시간이 남아 체크를 해도 길어진다 싶으면 진행하지 않는다.

미국의 시장조사 업체 아이미아(Aimia)에서 진행한 '타고난 본성,

미국 밀레니얼 세대의 고객 충성도 조사(Born This Way : The U. S. Millennial Loyalty Survey)'에서 90년생의 고객 충성도 프로그램 참여도는 다른 세대보다 약간 뒤처지는 편이지만 보상이나 증정품이 있는 경우 이들의 참여도가 가장 높다고 한다. 소비자를 상대로 직접적으로 설문조사를 하는 방식은 오래전부터 있었다. 90년생의 의견을 듣고 싶다면 어느 정도의 보상을 함께 제시해야 한다. 내 의견을 알려주는 대가로 소정의 상품을 받을 수 있다면 기꺼이 시간을 낸다. 조사 항목을 만들 때 회사 업무를 기준으로 만들면 거부감을 일으킨다. 소비자의 관점에서 항목을 만들어야 한다.

설문조사를 영업과 연결하면 진짜 의견을 듣기 어렵다. 보상으로 회사 제품을 구입할 수 있는 할인 쿠폰을 제시하면 만족도가 매우 높은 일부만 참가한다. 정확한 자료가 나오지 않는다는 것이다. 설문 항목은 머리를 쓰지 않아도 바로바로 누를 수 있는 내용으로 채워야 한다. 어떤 서비스에 대해 인지하고 있었느냐 같은 질문이다. 소정의 보상을 제공했다고 직원처럼 아이디어를 제공하기를 바라면 안 된다. '어떤 서비스가 나오면 구입할 의향이 있다' 같은 항목은 방어기제를 일으킨다. 깊이 생각해보기도 싫고 '예'라고 하면 서비스가 나온 후 전화가 올 것 같다. 전통적으로 해온 조사 항목을 다시 고려해볼 필요가 있다.

90년생에게는 크든 작든 어느 정도의 콜 포비아(Call Phobia, 전화

공포증)가 있다. 어떤 일이 있을 때 주로 메시지를 주고받았다. 전화는 지금 바로 무엇인가를 해야 할 때 한 번씩 사용한다. 누군가와 통화하기 전에 무슨 말을 할지 머릿속으로 정리한다. 콜 포비아 때문에 배달 음식을 주문하는 것에도 어려움을 겪던 사람들은 배달의민족의 등장에 환호했다. 편한 사람과는 통화를 잘하지만 회사와는 불편한 관계일 때가 많다. 전화를 하는 것이 불편한데 회사에 전화해서 하고 싶은 말을 할 수 없다. 의견을 표출할 수 있는 방법은 전화가 아닌 채팅 형식이어야 한다.

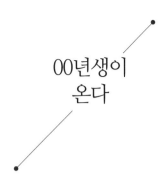

00년생이 온다

학교에 가지 않은 최초의 세대

이미 00년생의 사회 진출도 시작되고 있다. 초등학생부터 대학생까지 걸쳐 있는 00년생은 지금과는 또 다른 삶을 살게 된다. 일적인 면에서는 대부분의 업무가 개인화될 것이다. 통제받지 않으려는 성향이 커져서 프리랜서가 늘어나게 된다. 그렇지 않더라도 재택근무가 늘어나는 추세다.

00년생은 코로나19로 인해 학창 시절에 역사상 한 번도 경험해 보지 않은 온라인 수업을 받았다. 한국교육학술정보원에서 개발한 'e학습터'로 수업을 듣고 숙제를 낸다. 조회와 같이 쌍방향 소통이 필요한 부분은 화상회의 프로그램 줌(zoom)으로 한다. 첫 시도인 만큼 우여곡절이 많았지만 잘 정착했다. 이외에도 반톡(반 단체톡)을 통해 공지 사항을 전달하는 등 온라인과 교육은 떼려야 뗄 수 없게 되었다.

90년생을 포함한 기성세대들은 이 낯선 방식이 혼란스럽다. 학교는 서로 다른 사람이 만나 함께 생활하고 학습하며 사회생활을 배우는 곳이라고 생각했다. 재택근무로도 충분히 업무를 수행할 수 있다는 것을 알면서도 하지 않는 것은 함께 모여서 일해야 긴장감을 가지고 좋은 아이디어가 나올 수 있다고 믿기 때문이다. 온라인 교육에 익숙한 00년생은 회사에 재택근무를 요구할 수 있다. 직원은 자율성을 얻을 수 있고, 회사는 임대료와 같은 고정비를 아낄 수 있다.

세계경제포럼(WEF)의 '일자리의 미래 2020 보고서'를 보면 앞으로 바뀔 일자리 형태를 알 수 있다. 설문조사에 응답한 기업의 84%는 원격근무 도입 등 근무 시스템을 대거 디지털화할 예정이라고 했다. 현재 고용 중인 770만 명 중 44%를 원격근무로 재배치할 가능성이 있다고도 한다. 경쟁력 있는 사람에게 일이 집중되고 양극화는 더 심해진다. 그저 먼 미래의 이야기가 아니다. 우리나라에서도 진입 장벽이 낮은 배달 분야에서는 이런 현상이 이미 일어나고 있다.

쿠팡플렉스는 개인이 자신의 차량을 이용해서 배달하는 서비스이다. 하루 전에 신청하면 내가 원하는 시간대와 날짜에 아르바이트처럼 일할 수 있다. 비슷하게 배달의민족에서 지원하는 배민커넥트가 있다. 개인이 음식 배달을 대신 하는 것이다. 자신이 하고 싶은 시간대에 신청하고 배달을 하면 된다.

퀄리티에 집중하는 세대

유튜브로 일반인도 얼마든지 유명인이 될 수 있는 시대다. 나와는 다른 세상이라는 생각을 하며 부러워만 하지 않아도 된다. 90년생은 몇 명의 스타에 모든 관심이 집중되는 과정을 지켜봤다. 팬층이 세분화되고 연예인 못지않은 인플루언서들이 생기고 있지만 자신과는 무관하다고 생각한다. 하지만 00년생은 다르다. 어릴 때부터 자본주의와 시장논리를 있는 그대로 받아들였다.

인스타그램에 들어가서 '협찬 문의'라고 검색해보자. '협찬 문의'라는 해시태그가 붙은 글들이 나온다. 수만, 수십만 팔로워를 가진 채널만 나오는 것도 아니다. 실제로 주변에서 쉽게 볼 수 있는 200명대 팔로워도 많다. 유명인이 아닌 10대의 채널들이다. 이들은 팔로워 숫자가 채널의 파워를 의미한다는 사실을 잘 알고 있다. 마케터가 다양한 이벤트를 진행하고 소통하며 채널을 키우는 것과 같은 방식으로 키운다.

00년생을 대상으로 마케팅을 한다면 적절한 선을 지키는 것이 중요하다. 90년생은 건전한 온라인 문화를 만드는 데 실패했다. 인터넷 준실명제가 거론되는 등 강제성이 들어가게 되었다. 네이버에서는 이제 연예, 스포츠 뉴스에 댓글을 남길 수 없다. 카카오톡은 1인 1계정만 생성 가능하다. 윗세대의 실패를 보며 00년생은 더 조심하게 된다. 그만큼 논란이 일어날 수 있는 광고에 더 예민하게 반응할 수밖에 없다.

00년생은 이미지나 동영상의 퀄리티를 중요시한다. 오픈서베이에서 발표한 '소셜미디어 및 검색 포털에 관한 리포트 2019'에 따르면 10대는 이미지와 영상의 퀄리티가 낮을 때 가장 큰 거부감을 느낀다고 한다. 30~50대는 '실제 사용 후기를 가장한 협찬 홍보 글'에 거부감을 느꼈으며, 20대는 '스폰서' 광고 게시글에 가장 큰 거부감을 느꼈다. 퀄리티보다 스토리를 중요시한 90년생과 다르게 00년생은 콘텐츠 자체의 완성도를 중요시하는 모습을 보인다.

MZ세대 트렌드 코드

초판 1쇄 발행 | 2021년 03월 15일
초판 4쇄 발행 | 2022년 07월 20일

지은이 | 고광열
펴낸이 | 정서윤
책임편집 | 추지영
디자인 | 지윤
마케팅 | 신용천

펴낸곳 | 밀리언서재
등록 | 2020. 3.10 제2020-000064호
주소 | 서울시 마포구 동교로 75
전화 | 02-332-3130
팩스 | 02-3141-4347
전자우편 | million0313@naver.com

ⓒ 고광열, 2021

ISBN 979-11-970511-7-3 (03320)

값 · 15,000원